JN006280

しくみ
図解

CADが一番わかる

◆CADの操作や機能から
産業との関わりまで◆

大髙敏男
平野利幸
渋田雄一
野口卓朗
著

技術評論社

　1990年代にインターネットの商用利用が始まり、2000年代にはいわゆる「IT革命」により社会が大きく変化しました。近年では、「IoT」とか「AI」という文字が当たり前のように世の中から聞こえてきます。「CAD」も、この流れの中で発達して活用されてきたのです。

　機械用CADは、コンピュータの援用によって、手書きによらず、作図し、図面を作成するシステムで、産業界では作図手段として多用されるシステムとなっています。機械用CADには多様な機能があり、これらを活用することによって、機械製図を効率よく行うことができます。

　建築用CADは、大きな建物を縮小して描くということを行います。建築物は大きな製品です。そしてたくさんの部品が集まってできています。

　電気・電子・制御用CADは、住宅やオフィスの電気設備の配線設計、スマートフォンや電化製品に使われている集積回路のレイアウト設計、工場や農場で稼働している機械の制御設計など、私達の身の回りではさまざまなところに使われています。

　CADで作成される電子データは、単なる図形の形状データのみではなく、図面の中に設計者の意図や多くの技術情報が含まれます。そしてこれらの情報を省スペースで効率よく管理することが可能です。CADを取り扱う者は、これらの設計情報を適切に管理・運用しなくてはならないのです。

　本書では、CADの生い立ちから産業との関わり、CADの概要と特徴、CADの基本的な操作および機能、CADのデータ管理までを具体例とともに丁寧に解説しました。本書がCADに興味を持たれた方々にとって、永く読み継がれることを願っております。

著者一同

CADが一番わかる

目次

第3章 建築用 CAD の基本・・・・・・・・・・・75

CONTENTS

 コラム|目次

第 1 章

CAD とは

　1990 年代にインターネットの商用利用が始まり、2000年代にはいわゆる「IT 革命」により社会が大きく変化しました。近年では、「IoT」とか「AI」という文字が当たり前のように世の中から聞こえてきます。「CAD」も、この流れの中で発達して活用されてきたのです。本章では、「CAD」の生い立ちから産業との関わりを知り、その正体を理解しましょう。

1-1 設計や製図をコンピュータで行う

● CAD とは

CAD は「Computer Aided Design」の略で、「コンピュータ支援による設計」という意味で用いられています。また、「Computer Assisted Drafting (Drawing)」として、「コンピュータ支援による製図」の意味で用いられることもありますが、通常、設計の中に製図を含めて捉えています。CAD とは、設計者が人間とコンピュータとの特性を活かしながら設計・製図作業を進める技術あるいは技法のことなのです。広義には、これを実行するシステムやソフトを含めていうこともあります。CAD は、設計業務の無人化を図るものではなく、設計者がコンピュータの支援を受けながら設計業務を効率よく発展的に進めるためのものなのです。設計業務は、人間の創造性がなくてはならないです。

● CAD の生い立ち

初めて「CAD」という言葉が使われたのは、1959 年にマサチューセッツ工科大学（MIT）で開かれた「CAD プロジェクト」第 1 回会議であったとされていますが、今日の CAD につながる技術開発はそれ以前から進められていたようです。

MIT により NC 工作機械をコンピュータにより制御する仕組みが研究され、その中で考案された技術の 1 つが今日の CAD や CAM（Computer Aided Manufacturing：コンピュータ支援製造）の基礎となっています。1956 年には、NC 工作機械での加工形状をプログラムで制御するための APT（Automatically Programmed Tool）が考案され、翌 1957 年に APT II として実用化されています。これは、形状を数値データとして扱い、工作機械の制御をコンピュータに行わせるといった初歩的な CAD/CAM システムの機能を備えていました。

このような基礎技術の応用によって、図形や形状をコンピュータでデータ

として取り扱う技術は確立されていきました。一方、図形をコンピュータ上で視覚的に処理可能とする技術が実現したのは、1962年に、MITのサザーランド教授により**スケッチパッド**（Sketchpad）が考案された後になります。

さらに、1960年代後半には、いくつかの企業から、ハードウェアとソフトウェアが一体となった**ターンキーシステム**と呼ばれる専用機が発売されました。しかし、これらのシステムは当時の最新の技術を応用した大型コンピュータをベースとしていて高価なシステムでした。1970年代以降は、高性能で比較的小規模のミニコンピュータが開発され、1980年代にはパソコンが登場します。コンピュータの進化に伴い、CADはけして高価なシステムではなくなっていくのです。折しも、1990年代に入るとインターネットが商用利用できるようになり、いわゆるIT（Information Technology）革命が起こります。電子データを自由に移送することにより新しい価値が生まれ、CADで作成された図形データもただ単に人間に変わって作図するだけではなく、製造や設計に活用されるようになり、またその図面を瞬時に遠く離れた場所へ送ることも可能になりました。

最近では、コンピュータのめざましい進歩とインターネットやソフトウェアの発達によりCADの重要性と可能性はますます高まっていて、CADの利用分野は設計業務にとどまらず拡大し続けています。IoT（Internet

図 1-1-1　CAD の生い立ち

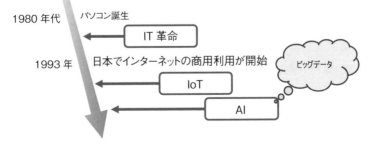

1952	フライス盤に応用したサーボ機構を開発
1956	NC工作機械で加工形状をプログラムで制御するためのAPTが考案される
1959	マサチューセッツ工科大学（MIT）で開かれた「CADプロジェクト」第1回会議
1962	「スケッチパッド（Sketchpad）」考案
1960年代後半	「ターンキーシステム」と呼ばれる専用機が発売
1970年代	CADシステムのハードウェアが小型化
1980年代	パソコン誕生

IT革命

| 1993年 | 日本でインターネットの商用利用が開始 |

ビッグデータ

IoT

AI

of Things）によりあらゆるものがインターネットで接続され、CAD は
その中の要素として活用範囲が広がっています。また、AI（Artificial
Intelligence）技術の進展によりその可能性はさらに広がっていくことでし
ょう。これからの設計者やこれに関連する技術者は、CAD やその周辺技術
を理解して、設計のツールとして自在に活用できる必要があるのです。

❗ 自動設計は実現するか !?

　何か抽象的な仕様、例えば、「乗り心地が最高によくて、燃費がよくて、
かっこいい車」などという情報をコンピュータに入力すると、自動的に製作
図面ができあがってくる、さらにいえば、自動製造で自動的に所望の自動車
ができあがるなどということは、可能でしょうか。「乗り心地がよい」や「か
っこいい」などという要望はひとりひとり価値観が違うので、何が正解か判
断するのは難しいでしょう。では、「大きさが○○以下で、出力△△馬力の
自動車」という情報入力ではどうでしょう。人間の創造性、課題の発見と解
決能力はコンピュータにはまねできない能力です。

　今、インターネットが発達し、私達の身の回りのすべてのモノがインター
ネットで繋がる IoT 社会へ移行しています。また、これらのモノから発信
される膨大な量のデータがインターネット上にビッグデータとして蓄積さ
れ、AI 技術によって、ビッグデータを活用して人間の能力に近づこうとし
ています。近い将来、「自動設計」が実現するのかもしれません。

1-2 CADの適材適所

● CADの利用分野

　CADは、パソコンの普及に伴って企業に急速に普及し、分野ごとにさまざまな形態で利用されています。初期のCADは、設計製図用途が主体でしたので、設計部門の一部の技術者に利用範囲が限られていました。しかし、今日ではデータベースとCADデータを連携したシステム（Facility Management：ファシリティマネージメント）の構築、インターネットを用いた部品ライブラリの活用、CG（Computer Graphics：コンピュータグラフィクス）を使用したプレゼンテーションなど、CADやCADで作成されるデータの利用方法は多様化しています。

　また、それに伴い、施設管理部門や販売部門などでも利用されるようになり、CADは必ずしも設計者だけが使用するものではなくなってきています。例えば、機械分野では、効率的に製品の企画・設計を行う目的でCADが利用されています。さらに、CADデータを利用して製造物の特性・性能を解析するCAE（Computer Aided Engineering）や、NC工作機械を使って設計から製造工程までを自動化したCAMといったFA（Factory Automation：工場全体の統合的かつ柔軟な自動化）システムで利用されています。

　CADデータを中心にして、製造に必要な部材の仕入れから設計、製造、物流までを統合したPDM（Product Data Management：製品データ管理）と呼ばれる大がかりなシステムも活用されています。建築・土木分野でも、企画・設計段階でCADが利用されています。大きな構造物は「試しに作成してみる」ということができないため、設計段階で構築物全体から内部の設備までを詳細に設計・検討するためにCADデータが活用されています。また、CADデータを基に作成されるCGを使って、内外壁の素材イメージや照明シミュレーションなどを行ったり、デザイン面での評価やプレゼンテーションを行ったり、構築物の構造やその強度を分析することにも利用されて

います。他にも、精密かつ複雑な電子回路やプリント基板の設計、布地や編み物のパターンメイキングからデザイン、型紙作成、裁断システムなど、多様に適材適所に利用されているのです。このように、CADは、社会生活と密着し、日々その重要性が高まっている技術といえます。

図1-2-1は、設計とそれに関連する学術・技術分野とCADの関連を示しています。製図を含む工学設計は、自然科学が基礎となる横軸の中心にあり、その先に実際の製品に代表される人工物に続いている技術体系で示されます。一方、設計は、経済性や社会的要求に応えるものでなければならないし、また、それが利用者に使ってもらえるような心惹かれる芸術性を備えている必要があります。これが縦軸の技術体系です。CADはこれらの分野を広くカバーする機能を備えています。したがって、多様な利用目的でCADとCADで作成されるデータを活用することが可能なのです。

図 1-2-1　CAD の利用分野

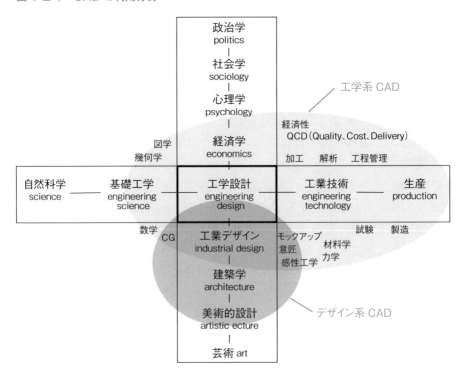

1-3 CADの特徴

●機械的な作業の効率化

　製図における各種の計算をコンピュータ化することにより、計算時間が短縮され、人為的なミスが少なくなります。CADにおける寸法の表記では、寸法箇所を指定するだけで自動的に正しい寸法が表記されます。さらに、ほとんどのCADでは、交点、接線・接点、面積などの幾何学的な計算を自動的に行って、その結果を表示することができます。

　また、定常的に行う設計における繰り返し作業や単純作業を自動化するような機能をもつCADもあり、例えば、寸法などをパラメタ入力するだけで図形を自動作図することができます。寸法をパラメタ化した標準形状を呼び出して、具体的な寸法値を入力することで新規図面を作成する編集設計や、あらかじめ標準化してCADに登録しておいた部品を呼び出して配置していくことにより新規図面を作成する配置設計が可能であり、手書き図面の作成よりも作業効率が向上します。

●図面品質の向上

　CADを使った製図では、線の太さや線種の表現、文字の記述など、すべてをコンピュータが制御しているので、個人差がなく、きれいな仕上がりの図面が作成できます。CADの中には、誤った図面の作成ができないようなチェック機能を有するものもあり、図面の品質向上に寄与しています。

●図面の修正作業の効率化・既存図面の活用

　手書きによる製図では、図面に変更が生じると、その部分を消しゴムで消して修正したり、場合によっては始めから描き直したりしなければなりません。このような作業は、修正部分が汚くなったり紙が損傷したりして自由に修正が行えないことがありました。もちろん、初めから描き直す場合には自由に修正を行えますが、多くの時間がかかるため作業効率は低下してしまい

ます。CADは、データの削除・修正を簡単に行うことができ、図面自体を印刷し直すため、きれいな図面をいつでも何度でも得ることができます。

　また、手書きの場合には、以前に作成した図面に似た作図を行う場合、もとの図面を写して新しい図面を作成する**トレース**という手法が用いられていましたが、CADでは、あらかじめ保存されているもとの図面を呼び出して、変更したり、修正したりして、新しい図面を効率よく描くことができます。この流用性が、CAD利用の最大の効果といえるでしょう。

　最近では、新しい図面でも、よく使う部分をあらかじめ雛型図面として作成しておき、それらを組み合わせて流用することで効率向上を図ることも多いです。さらに、図面を電子媒体に保存しているので、データを効率よく管理することができます。

●設計データの応用

　CADで描いた図面は、対象物を数値化した電子データとし取り扱われます。したがって、このデータを利用して後工程の各種システムと連携し、業務効率を向上させることができます。例えば、図面の中から部品を拾い出し、部品を手配するための情報を自動作成することができます。

　また、図面データをCAMなどの加工用システムへ渡し、加工用システムにおける図形の入力作業を省略することができます。3次元CADによって作成された形状モデルデータはCAE（Computer Aided Engineering：コンピュータ支援エンジニアリング）による構造解析などの各種解析に利用することができ、さらに各種試験や測定、工程管理など広い範囲でも利用されています。

●製品製作工程の短縮

　製作工程に入る前や施工前にあらかじめ部品同士の干渉や勘合具合、工作機械や各種処理の段取りのチェックが可能となるので、寸法や公差などの設計ミスを早期発見することができます。また、これにより作業工程の短縮が期待できます。

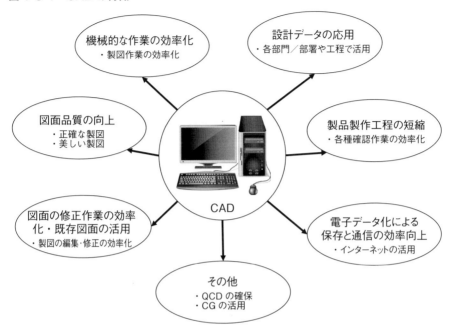

図 1-3-1　CAD の特徴

●電子データ化による保存と通信の効率向上

　これまで紙で保存していた図面を電子データで保存することにより、保存にかかっていたコストを大幅に削減することができまる。さらに電子データ化されていれば、図面を検索したいときに短時間に目的の図面を取り出すことができます。また、インターネットなどの情報通信手段を利用することで、世界中のあらゆる場所へ電子データ化された図面を送信することができるため、通信時間とそれにかかるコストを削減することができます。

●その他

　設計データや図面データが電子データ化されていれば、これらの情報を容易に共有することができます。したがって、企画、デザイン、設計、解析、試験、製造や建設などの多くの部門で活用することができます。実際に、このことにより各工程あるいは各分野の担当者が連携してプロジェクトを完成させることに役立っています。特に近年のものづくりでは、各部門あるいは工程に

17

おいて、図1-3-2に示すように、3次元CADのデータを中核として同時並行して作業を進めるコンカレントエンジニアリングが実践され、QCD（Quality：品質、Cost：コスト、Delivery：納期）の向上に効果を上げています。

　また、3次元CADにおいて作成される電子データは、その活用範囲が広がっています。3次元CADは人間の頭の中にあるイメージを表現することに優れており、人間の創造性の具象化に有効です。さらに、これまでのモックアップに代わり、設計した対象物の質感や色合いなどもコンピュータの中で確認することができる**デジタルモックアプ**（DMU：Digital Mock-Up）にも活用されています。

図1-3-2　コンカレントエンジニアリング

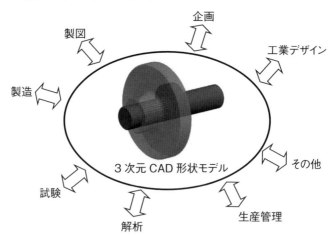

コンカレントエンジニアリング：3次元CAD形状モデルを中核として、
　　　　　　　　　　　　　　　各部門が同時並行的に作業を進める
　　　　　　　　　　　　　　　ものづくり方法

1-4 汎用 CAD と専用 CAD

●汎用 CAD

　CAD は急速に普及し、あらゆる分野で利用されるようになってきました。CAD は、例えば、2次元 CAD では、線や円などの図形要素を組み合わせて複雑な図形を作成することができます。したがって、基本的な作図を行おうとするとき、機械、電気、電子、建築、土木などのどの分野にも対応可能となります。このように、特定の業種分野に偏らない、一般的な製図用の CAD を汎用 CAD と呼びます。

●専用 CAD

　各種分野に特化した専用機能をもつ CAD を**専用 CAD** と呼びます。専用 CAD の主なものは表 1-4-1 に示すようなものがあります。機械系、建築系、電子系、電気系の各 CAD は、この後の章で詳しく説明します。

機械系 CAD

　機械設計・製図での利用を想定した機械設計用に特化した CAD システムで、機械図面に用いられる図記号や部品データなどを自動生成する機能などをもっています。CAD システムの中では、最も大きな比率を占める分野で、多くの汎用 CAD システムは、機械系 CAD システムとしての利用も想定して開発されています。

建築系 CAD

　建築図面の作成を想定した CAD システムで、機械系 CAD システムに次いで大きな比率を占める分野です。建築図面を作成するため、壁や建具などを自動作図する機能をもっています。建築 CAD システムの多くは、設計した図面をもとに、建物の外観を表示するパース図作成機能などを装備しています。

土木系 CAD

土木用図面の作図効率を向上させている CAD システムです。測量機器と連動して測量図を作成する測量用のシステム、道路設計用システム、コンクリート構造物（配筋図）用システムなどがあります。

電子系 CAD システム

電子回路の設計を想定した CAD システムです。電子回路を製図する機能だけでなく、作成した図面を基に、電子基板を設計したり、回路のシミュレーションを行ったりする機能を装備しています。

電気系 CAD システム

単線結線図やシーケンス回路図などの設計を想定した CAD システムです。自動処理機能により、設計効率を向上させる機能を装備しています。

その他の CAD システム

アパレル業界の型紙設計、施設管理データと連携したファシリティマネージメント、地図作成や地図と地理情報の連携、広域ネットワーク化に伴う芯線管理など、いろいろな 2 次元 CAD システムがあります。

表 1-4-1　CAD の種類

CAD の種類	主な機能
機械系 CAD	機械図面の作成 図記号や部品データなどの自動生成 加工用のデータの生成
建築系 CAD	建築図面の作成 日影計算、建築関係法規による規制対応機能
土木系 CAD	土木用図面の作図 測量機器と連動した測量図の作成 道路設計用システム、コンクリート構造物（配筋図）用システム
電気系 CAD	単結線図、配電盤設計図、シーケンス図、屋内配線図、電子回路設計図などの作成
電子系 CAD	電子回路の設計 プリント基板の設計 回路シミュレーションなど
その他	アパレル業界：布地や編み物のパターンメイキング、デザイン、型紙設計、裁断など 科学分野：分子モデル作成 施設管理部門：ファシリティマネージメント、地図作成、GIS システム、広域ネットワーク化に伴う芯線管理など

1 -5 紙図面と同様の操作感

●製図の基本

　図面は、一般に人工物（もの）をつくるときやつくり方を記録するときに用いられます。**製図**とは、この図面を作成する行為のことをいいます。製図には扱う対象物や目的によっていろいろな種類がありますが、一般に、製図は概ね「設計者」によって作図され、「製作者」によって用いられ、さらに「使用者」によって製作物を使用する際にも活用されます。したがって、設計者の考えが『正確』、『明瞭』に表現されている必要があります。さらに、その図面を利用する部門や作業者に対する『細心の気配り』がなされ、かつ『迅速な出図』も要求されるのです。これらを実践するためには、製図に関する約束事が必要となります。

　わが国では**日本産業規格**（JIS：Japanese Industrial Standards）の中に製図に関する規則を定めています。これらは国際的な技術交流の促進のために、**国際規格**（ISO：International Organization for Standardization）に準拠する傾向で定められています。そして、CAD は製図に求められる要件を満たす優良なツールです。

　近年は、製図や技術文書の電子データ化が加速し、3 次元 CAD によってこれらを統括的に取り扱うようになってきました。これに伴い、工業分野で用いる 3 次元製品情報付加モデルを作成する場合の基本的事項及び総括的なデジタル製品技術文書情報 DTPD（Digital Technical Product Documentation）が JIS に規定されました。

●図面の大きさ選定

　図面の大きさは、対象物の大きさや 1 枚の図面に納める部品の数などによって決めます。一般的には、表 1-5-1 に示す A 列サイズを用い、やむを得ない場合のみ延長サイズを用いるようにします。また、通常は長辺を左右方向に置いて横長にして用いますが、A 4 に限り短辺を左右方向に置いて用いて

もよいことになっています。図面には太さ 0.5mm 以上の輪郭線を設け、必要に応じてとじしろを左側に設けます。CAD で作図する場合も、手書き図面と同じように大きさを決めます。コンピュータの中の作図空間は無限に広がっているので、どんなに大きなものでも、実寸で作図することが可能です。しかし、紙に印刷する場合を想定して、図面の大きさを決定します。多くのCAD には尺度を設定することにより、実寸で作図して形状を自動的に指定した図面の大きさに表記できるようになっています。

●手書きと同じ操作感＋α

　手書きで作図するときのことを考えてみましょう。例えば、所望の長さの線分を描くとき、人によっては、線分の両端となる箇所にすぐきれいに消せるような薄い線を目印として引いて、その目印を結ぶように線分を描くかもしれません。あるいは、定規を当てて線分の始点と終点の座標をつなぐように線を描くかもしれません。CAD は、こうしたいろいろな操作性を網羅しています。

　例えば、図 1-5-1 に示すように、印刷されない補助線という目印の線を表記する機能は、あたかもすぐに消せる薄い線を引いて作図する手書き製図と同じ感覚で CAD 製図ができます。CAD には、角度補助線、円弧の補助線など多くの補助線が用意されています。また、マウスではなく直接座標数値をコンピュータに入力して線を引くこともできます。CAD は多くの計測機能を有していることから正確な座標を図面上で計測しながらこうした数値を入力することも可能で、正確な作図が可能です。数値による座標入力では、CAD で使用している絶対的な座標を用いることもできますが、直前に入力した点からの相対座標値で指定したり、任意の基準点からの相対値で入力したり、補助線の原点を指定しその座標値で入力することができます。こうした操作感は、CAD の多くの作図・編集機能で取り入れられており、正確な図面の効率的な作図を実現しているのです。

表 1-5-1　図面の大きさ

(単位 mm)

| A列サイズ | | 延長サイズ | | d(最小) | とじる場合の |
呼び方	寸法 a×b	呼び方	寸法 a×b	(とじない場合 d=e)	d(最小)
—	—	A0×2	1189×1682	20	25
A0	841×1189	A1×3	841×1783		
A1	594×841	A2×3	594×1261		
		A2×4	594×1682		
A2	420×594	A3×3	420×891	10	
		A3×4	420×1189		
A3	297×420	A4×3	297×630		
		A4×4	297×841		
		A4×5	297×1051		
A4	210×297	—	—		

b(A 列のときは $b=\sqrt{2}a$)

c　d　c　a

輪郭線

表題欄

とじしろ　用紙の縁　輪郭

A4 で短辺を左右方向に置いた場合

a　b

図 1-5-1　CAD の種類

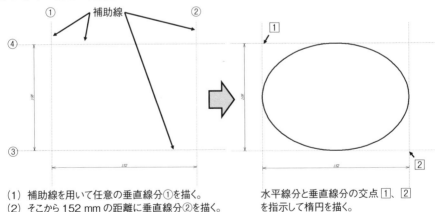

①　補助線　②

④　③

108　152

⑴　補助線を用いて任意の垂直線分①を描く。
⑵　そこから 152 mm の距離に垂直線分②を描く。
⑶　同様に任意の水平線分③を描く。
⑷　そこから距離 108 mm の距離に水平線分④を描く。

1　2

水平線分と垂直線分の交点 1、2 を指示して楕円を描く。

152 mm と 108 mm の長方形に内接する楕円を作図する。
楕円は外接する長方形の対角頂点を指示する方法と、楕円の長半径と短半径を指示する方法などがあるが、ここでは外接する長方形の対角頂点を指示する方法で作図することにする。

23

●線の使い分け

3次元に存在する立体を2次元である図面に描くためには、ルールに従って線の種類を変えて表記します。製図で用いられる線は、JISに規格化されています。表1-6-1に示すように太さと線種によって使い分けています。また、同一図面で2種類以上の線が同じ場所に重なる場合は、①外形線、②かくれ線、③切断線、④中心線、⑤重心線、⑥寸法補助線の優先順位によって描きます。

●投影法

3次元に存在する立体を2次元平面に表現するためには、投影という手法が用いられます。立体を投影して投影面に描き出す方法を**投影法**といい、図1-6-1に示すように、1点から投影する**透視投影**といい、無限の距離にある位置に視点置き、そこから平行に投影する方法を**平行投影**といいます。平行投影によって投影面に描き出す方法には、投影面を投影線と直角に置いた場合を**直角投影**、斜めに置いた場合を**斜投影**と呼んでいます。

また、直角投影で立体の1つの面を投影面に平行に置いた場合を**正投影**といい、真正面から投影したもの、真上から見たもの、真横から見たものなどを組み合わせて表現する図を**投影図**といいます。

真上から見たものを**平面図**、真正面から見たものを**正面図**、右側から見たものを**右側面図**、左から見たものを**左側面図**、真後ろから見たものを**背面図**、真下から見たものを**下面図**といいます。

投影図は、平行に直角投影されているので、立体の形状とそれぞれの面が同じ寸法で表現され、立体を正確に表すことができます。

立体を表現するには、こうした投影図のうち、正面図、平面図、右側面図の3面だけで十分理解できることが多いので、一般にこの3つの投影図で立体を図面に表しています。

表 1-6-1　線の種類

用途による名称	線の種類		線の用途
外形線	太い実線	━━━━━	対象物の見える部分の形状を表すのに用いる
寸法線	細い実線		寸法を記入するのに用いる
寸法補助線			寸法を記入するために図形から引き出すのに用いる
引出線			記述・記号などを示すために引き出すのに用いる
回転断面線			図形内にその部分の切り口を90°回転して表すのに用いる
中心線			図形の中心線を簡略に表すのに用いる
水準面線			水面・油面などの位置を表すのに用いる
かくれ線	細い破線または太い破線	---------- ━ ━ ━ ━	対象物の見えない部分の形状を表すのに用いる
中心線	細い一点鎖線	─ ・─ ・─ ・─	(1)図形の中心を表すのに用いる (2)図形が移動した中心軌跡を表すのに用いる
基準線			特に位置決定のよりどころであることを明示するのに用いる
ピッチ線			繰り返し図形のピッチをとる基準を表すのに用いる
特殊指定線	太い一点鎖線	━ ・━ ・━ ・	特殊な加工を施す部分などの特別な要求事項を適用すべき範囲を表すのに用いられる
想像線	細い二点鎖線	─ ‥─ ‥─ ‥─	(1)隣接部分を参考に表すのに用いる
			(2)工具・治具などの位置を参考に示すのに用いる
			(3)可動部分を、移動中の特定の位置または移動の限界の位置を表すのに用いる
			(4)加工前または加工後の形状を表すのに用いる
			(5)繰り返しを示すのに用いる
			(6)図示された切断面の手前にある部分を表すのに用いる
重心線			断面の重心を重ねた線を表すのに用いる
破断線	不規則な波形の細い実線、またはジグザグ線	～～	対象物の一部を破った境界、または一部を取り去った境界を表すのに用いる
切断線	細い一点鎖線で端部および方向の変わる部分を太くしたもの	━ ・─ ・━	断面図を描く場合、その切断位置を対応する図に表すのに用いる
ハッチング	細い実線で、規則的に並べたもの	/////	図形の限定された特定の部分を他の部分と区別するのに用いる（断面の切り口など）
特殊な用途の線	細い実線	─────	(1)外形線およびかくれ線の延長を表すのに用いる
			(2)平面であることを示すのに用いる
			(3)位置を明示するのに用いる
	極太の実線	━━━━	博肉部の単線図示を明示するのに用いる

図 1-6-1　投影

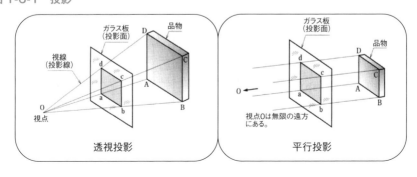

透視投影　　　　　　　　平行投影

1・CADとは

25

製品全体の形状を正確に把握

●第三角法と第一角法

製品の形状を正確に図面上に表現して、その図面を活用する作業者に正確に伝えることは極めて重要です。そのために、いくつかある投影法を適材適所に用いて3次元の製品形状を図面に表現します。

図1-7-1に示すように、対象物を観察者と座標面の間に置き、対象物を正投影したときの図形を対象物の手前の画面に示す方法を**第三角法**といいます。また、図1-7-2に示すように、対象物を正投影したときの図形を対象物の後ろの画面に示す方法を**第一角法**といいます。どちらの投影法を用いているかは図面の要目欄に記入することになっています。一般に、日本では第三角法が多く用いられていますが、分野や国によって違うので注意が必要です。

●パース図と鳥瞰図

パース図とはPerspectiveの略で、**透視図法**をいいます。遠近法を使用して品物の斜めから眺めた図で表現し、立体感や奥行き感を正確に表現することができます。建築物の外観や内観を表現する場合に多く用いられています。

鳥瞰図は、文字通り鳥のように高いところから斜めに見下ろして眺める視点で描かれる図法をいいます。地図などに多く用いられています。

● 3次元CAD

3次元CADは、いろいろな投影法を切り替えて表示させることができます。また、コンピュータの画面上で、自由に対象物を回転させて視点を任意に変えることができます。これは、実際に対象物を手に取って、下からのぞいたり上から眺めたり自由に見るのと同じことができるのです。また、外壁を透視して内部を見たり、任意の断面を見たりすることもできます。必要に応じて任意の断面を投影して2次元の図面に表示することもできます。製品の形状を正確に把握することに大いに役立てることができます。

図 1-7-1　第三角法

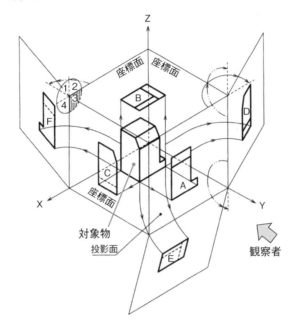

図 1-7-2　第一角法

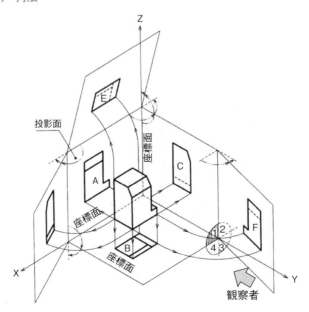

図面の保存や修正が容易

●図形データの格納形式

　CADでは、入力された図形を図形データと呼ばれる専用の形式で格納しています。図形データには、図形の種類を示すIDや入力された図形の座標値が図形の種類に応じて格納されています。入力図形の座標値をそのまま格納する保存形式を**ベクトルデータ**といいます。ベクトルデータは、入力した図形を正確に再現したり、拡大・縮小による誤差をなくしたりすることができる特長を有しているため、CADではこの方式が採用されています。

　図形データには、図形の種類に応じた属性情報も格納されます。図形データをどのように格納するかは、CADの機能や性能などを左右するため、CADのベンダーごとにさまざまな工夫を凝らした独自の形式となっています。図形データの概念を一例として簡単に説明すると、例えば、CAD上で直線を入力した場合、図形の種類を表すID、直線の始点・終点の座標、色や線種などの属性情報を含む図形データが図形データベース中に格納されます。また、同様に円図形を入力した場合は、図形の種類を表すID、中心座標と半径、色や線種などの属性情報を含む図形データが図形データベース中に格納されます。長方形や多角形の場合は、図形の種類を表すID、頂点の個数と各頂点の座標、線色や線種などの属性情報を含む図形データとし格納します。同じ形状、例えば長方形の場合、図形の種類を表すIDの他に、始点と幅、高さの図形データとして格納することもできます。一般に、図形データはCADによって異なっています。

●ベクトルデータとラスタデータ

　コンピュータ上で図形データを入力、編集、保存する形式は、大別するとベクトル（ドロー）データとラスタ（イメージ）データに分かれます。CADは前述の通りベクトルデータ系の代表例です。ラスタデータ系の例としてはペイントソフトなどがあげられます。ベクトルデータは、図形データ

を座標値でもつデータ形式なので、保存したデータに座標値がそのまま保持されており、拡大や縮小などの幾何学的な変形を行っても画像の品質が落ちないという利点があります。

また、文字列データもドットなどに変換されることなく文字列自体をそのまま保持しているため、文字の修正変更が容易に行えるとういう利点があります。反対に、写真のようなデータを直接扱うことが難しいというデメリットがあります。ラスタデータは、図形データをドットの集まりでもつデータ形式です。したがって、各図形のデータは一旦ビットの ON/OFF 情報に変換されて保存されます。保存したデータをそのまま利用できるため、写真のようなデータもそのまま取り込めます。反対に、保存したデータにはもとの図形に関する情報が残っていないため、図形の変形を行うと画像の品質が劣化します。

文字列データも保存時にもとの文字に関する情報を失うため、文字列の変更を行うことが難しくなります。画像品質を劣化させないため、CAD のデータの保存形式としては、主にベクトルデータが使用されているのです。最近では、ラスタデータを図面中のデータとして取り込める CAD も増えてきており、これもコンピュータの処理能力の向上のおかげといえるでしょう。

●ファイル出力

図面をファイルへ出力したり、他の CAD やワードプロセッサなどのオフィスアプリケーションへ渡したりするためのデータを作成する機能をファイル出力機能といいます。コンピュータ上で図形（絵柄）のデータを保存する場合、主に次のようなデータ形式が用いられます。

・**ベクトル（ドロー）データ**：DXF、WMF（Windows メタファイル）、EPS（PostScript）などのファイル形式のデータ。

　特徴：①図形を座標でもつ

　　　　②図形の変形、文字列の変更が容易

　　　　③拡大、または縮小しても線のシャープさが変わらない

　　　　④写真画像などは表現できない

・**ラスタ（イメージ）データ**：TIFF、JPEG、BMP などのファイル形式のデータ。

特徴：①図形、文字をドットの集まりでもつ
　　　②図形の変形、文字の修正には不向き
　　　③拡大、または縮小すると線のシャープさが損なわれる
　　　④写真画像などの表現に向いている

図 1-8-1　ベクトルデータからラスタデータへのデータ変換第一角法

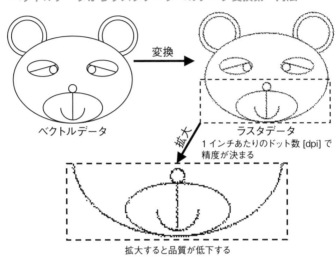

図 1-8-2　ラスタデータからベクトルデータへのデータ変換

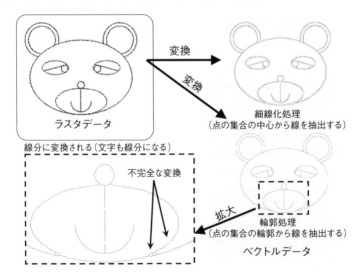

1 -9 誰でも簡単に同じ大きさの線を引く

●図形の色の属性と線の太さ

　色の属性とは、図形の表示時の色を指定するもので、図形の意味や種類・用途などの直感的な把握に効果的です。初期のCADでは、線の太さを表示装置で表現することが困難であったため、線の太さを表現するために便宜上色分けして、例えば、太線は赤、細線は青などというように使用していました。

　現在のCADは、線の種類と太さを属性として保有して、色の属性とともに有効に利用できます。その図形の意味や種類・用途を表すためにも色や線の種類の属性が使われています。プリンタやプロッタなどで実際に出力される色や線の種類を指定しておけば、誰でも同じ線を描くことができます。図形によって、色や線種を上手く使い分けるとよいでしょう。これらの属性は、各図形の入力時にユーザーが自由に選択できるCADもありますが、使い方が決まっているCADもあります。CADシステムは、当初、ドラフタによる製図作業をコンピュータ化し、製図作業を効率化する目的でコンピュータの応用システムの1つとして開発されました。手書きでの製図作業と異なり、誰が操作をしてもきれいな図面を作成できるので、設計ツールとして多用されるようになりました。今では、コンピュータや出力装置が表示可能な範囲で色や線種、線の太さなどをカスタマイズできるようになっています。

●出力装置

　出力装置は、図面をプリンタやプロッタなどの出力機器に正確に出力します。出力装置で、図面の縮尺を変えて拡大印刷したり縮小印刷したりすることもできます。大判のカラーインクジェットプリンタの普及により、最近は図面をカラー高精細で出力することができます。

CAD 関連の仕事の多様化

● CAD に関連する仕事

　かつては、CAD は CAD 専門の技術者が必要とされていました。しかし、パソコンが普及しパソコン上で CAD を操作することが可能になると、設計業務に携わる技術者以外でも、ものづくりのあらゆる工程に携わる技術者が手軽に CAD を操作することが可能となり、また CAD 自体が多様な業務で活用可能な機能をもつようになったため、CAD に関連する仕事が多くなりました。ただし、設計業務において CAD で作成される図面は、その前工程や後工程の作業効率に大きな影響を与えることから、これらの業務内容を理解している必要があります。例えば、形状が同じでも、寸法の入れ方が違うと加工などで誤差の発生箇所が変わるなどして、最終的にできあがる品物の形状が異なってしまうのです。このものづくりの流れの中では、設計（製図、解析を含む）業務、生産業務、製造技術業務、検査業務、生産管理業務、物品管理業務などで CAD に関連する仕事があります。

● CAD の周辺業務に関する仕事

　CAD で作成される電子データの活用法は幅広いので、CAD の周辺業務にも多くの仕事があります。例えば、3 次元 CAD で作成されたデータを用いてホームページ上の営業情報をダイナミックに表示させるための情報処理業務、これらの電子情報を管理する業務、CAD のデータを他のシステムなどに用いるためのデータ変換を行う業務などがあります。特に、データ変換時にデータに欠損が発生すると、変換後の業務に大きな影響を与えるので、データの品質維持は大変重要です。また、DTPD に関連する業務はすべて CAD の周辺業務になります。特に機密情報の取り扱いには、CAD だけでなくコンピュータやネットワークの基礎知識が必要不可欠になります。こうした、技術スキルを保証するための資格認定試験があります。これに関しては、1-12 節で述べます。

1 -11 ものづくりには不可欠なツール

● CAD の役割

　CAD は、かつて人間代わりに線を引き製図をしてくれるシステムでした。しかし、現代ではものづくりに欠かせないツールとなっています。図 1-11-1 は、ものづくりで重要な設計と CAD の関係を示しています。設計は、要求される設計仕様から始まります。CAD を設計ツールとして活用すれば、QCD の検討や各種解析を行うことができます。そして、信頼性・安全性、エルゴノミックス、意匠設計、生産設計の検討を容易に進めることが可能となります。最終的に最適設計に効率的にたどり着くことができるのです。

　CAD は設計業務だけでなく、ものづくり全体に大きな役割を果たしています。図 1-11-2 にものづくりの流れを示します。市場調査を経て企画化されると設計が始まります。設計の後工程では製造や検査などがあり、最終的に製品化されて市場へ出て行きます。この流れの中で、CAD あるいは CAD で作成されたデータは、すべての工程に活用することができます。このことにより、歩留まりを減らし、品質を向上させ作業効率を向上させることができます。まさに、ものづくりには不可欠なツールなのです。

●検図

　ものづくりにおいて、各工程における確認作業は品質の観点で大変重要です。とりわけ、検図は設計業務の中でとても大切で、検図力が設計力であるといっても過言ではありません。CAD は、検図作業を効率的に進めることに役立っています。CAD によって作成され電子データは、検図作業で確認計算に利用するなど活用できます。CAD のソフトウェアによっては、検図機能を備えたものもあり、活用されています。

　検図は、ものづくりのプロセスの中で、「設計ミス」・「生産活動の一時ストップ」・「歩留まり」をなくす目的で行います。ただ単に図面の記述ミス（対規格）を指摘することは、本質的な検図ではありません。検図で確認する項

目は、図 1-11-3 に示すように、①図面の間違い、②強度的な問題、③構造上の問題、④製造（コスト）上の問題、⑤機能の妥当性、⑥過去のクレーム対応などです。その観点は、ものづくりの現場（生産現場）にある「技術」「設備」「ヒト」をフルに活かすことです。今自社にある技術／得意な技術は何であるかをよく理解して、これを十分に活かすような設計になっているか確認します。

　その中には、例えば、製造方法や調達方法、材料選定なども含まれます。また、自社で調達するのか外部から調達するのかによっても図面の情報は変わるので、その適合性も確認しなければならないでしょう。設計として方向性は企画あるいは要求元と合っているのか再検討することも必要かもしれません。そして、設計ミスがないように確認作業をしなければならないです。要求を満たしつつ、既存の技術が継承されているか、あるいは新規性はあるのかといった知的財産の観点も重要です。こうした項目を、設計段階で確認することは、最終的には作業効率や品質を間違いなく向上させます。

図 1-11-1　CAD の役割

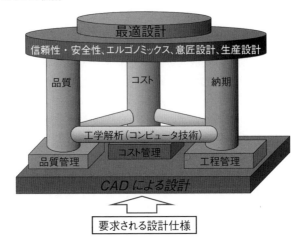

図 1-11-2　ものづくりの流れ

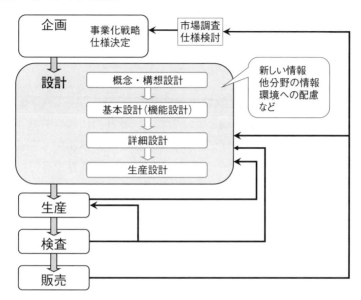

図 1-11-3　検図

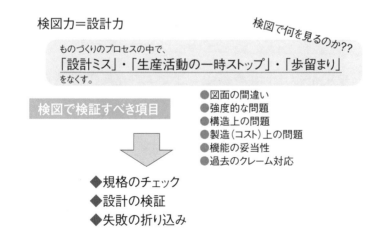

1-12 CAD の資格検定

●各種資格試験

　一般社団法人コンピュータ教育振興協会（ACSP）は、CAD を利用する技術者のための認定試験を実施しています。一般社団法人コンピュータソフトウェア協会から認定試験プログラムを引き継いで、信頼度と実績がある認定試験となっています。コンピュータ・ソフトウェア業界や多くの教育機関の協力はもちろん、自動車、電気・機械、建設などの業界からも協力を得て実践的な検定試験となっています。基本的に CAD のソフトウェア製品の左右されない、技術の検定試験を提供しています。試験は、3 次元 CAD 利用技術者試験と 2 次元 CAD 利用技術者試験があり、3 次元 CAD 利用技術者試験と 2 次元 CAD 利用技術者試験 1 級は年に 2 回開催されています。2 次元 CAD 利用技術者試験基礎と 2 級は随時試験が実施されています。

（1）3 次元 CAD 利用技術者試験　2 級／準 1 級／1 級
（2）2 次元 CAD 利用技術者試験　基礎／2 級／1 級

　一般社団法人コンピュータ教育振興協会は、他にも関連する検定試験として、「Space Designer 検定試験」「3D プリンタ活用技術検定試験」なども行っています。

　また、一般社団法人全国建築 CAD 連盟では、「建築 CAD 検定試験」を実施しています。

　なお、CAD のベンダーなどが自社製品あるいは特定の CAD 製品に特化した認定試験を実施しています。

（1）オートデスク社では認定資格プログラム「AutoCAD ユーザー試験」を行っています。
（2）DASSAULT SYSTEMS 社は、CATIA 認定プログラムを実施しており、各種認定試験を行っています。

　また、SolidWorks 認定試験を行っています。

（※認定試験の情報は 2020 年 3 月時点の情報です）

第 2 章

機械用CADの基本

　機械用 CAD はコンピュータの援用によって、手書きによらず、作図し、図面を作成するシステムで、産業界では作図手段として多用されるシステムとなっています。機械用 CAD には多様な機能があり、これらを活用することによって、機械製図を効率よく行うことができます。本章では機械用 CAD について、その概要を説明しますので、基本的な操作および機能について理解しましょう。

機械用 CAD とは

●機械用 CAD とは

　機械図面に用いられている図記号、部品データなどを自動生成する機能および加工用のデータを生成する機能などを有しており、機械設計用に特化したCAD ソフトのことです。近年、工業製品に対する需要の多様化や大量消費に伴い、多品種であり、かつ大量生産方式がとられています。新しい製品の設計および製造にかける期間を短くするために、過去のデータや規格をスムーズに引き出すことができ、図面の作成や変更を容易にしたCAD システムが用いられるようになりました。CAD システムには2次元CAD と 3 次元 CAD があり、どちらも広く用いられるようになってきました。手書き製図では難しい複雑な図形も、CAD によって容易に描け、図記号によって加工法を指示したり、模様記号によって材質を表示したりするなど、手書き製図にはない特徴をもっていますので、これらの機能を有効に利用することが大切です。

●機械用 CAD 製図の基本要件

　日本産業規格の中の JIS B 3402 では、主に機械工業分野において CAD を用いて行う製図（以下、CAD 製図といいます）について、「製図総則」（JIS Z 8310）に整合させながら、CAD の機能と特徴を考慮して規定しています。CAD 製図は、線種、フォント、線の色など制御できる事項の自由度が手書き製図と比べて大幅に広がります。表 2-1-1 に機械製図に関連する主な JIS 規格を示します。この規格に規定されていない事項については、「製図総則」およびそれに定められた製図規格によることになっています。しかし、CAD ソフトによっては、必ずしも規格によっていないものもあり、CAD を利用する際には、製図総則を基本として、見やすい図面を心がけましょう。

図 2-1-1 機械図面の例

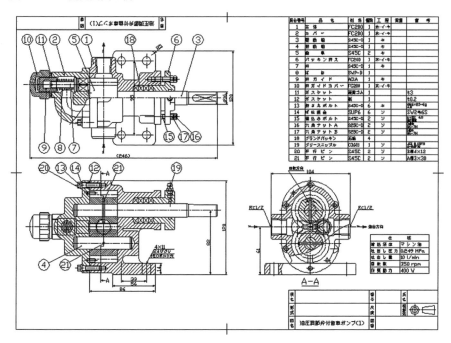

表 2-1-1 機械製図に関連する主な日本産業規格

規格名称	規格番号	規格名称	規格番号
製図—製図用語	JIS Z 8114	製品の幾何特性仕様（GPS）—幾何公差表示方式	JIS B 0021
製図総則	JIS Z 8310		
製図—文字	JIS Z 8313	製品の幾何特性仕様（GPS）—表面性状の図示方法	JIS B 0031
製図—尺度	JIS Z 8314		
製図—投影法	JIS Z 8315	寸法公差及びはめあいの方式	JIS B 0401
機械製図	JIS B 0001	製品の幾何特性仕様（GPS）—表面性状：輪郭曲線方式	JIS B 0601
製図—ねじ及びねじ部品	JIS B 0002		
歯車製図	JIS B 0003	CAD 用語	JIS B 3401
ばね製図	JIS B 0004	CAD 機械製図	JIS B 3402
製図—転がり軸受	JIS B 0005	溶接記号	JIS Z 3021
		電気用図記号	JIS C 0617

●図形を作成する機能

2次元 CAD で作成する機械図面では、直線を引いたり円や円弧を描いたり、また、水平線、垂直線、任意の角度をなす線および円に接する線などを描く機能を組み合わせながら図形を作成します。また、寸法や文字なども機能に応じて作成、配置します。基本的には手書き製図をデジタル表示にしたものですので、CAD のもっている機能を上手に利用することで、手書き製図よりも正確に図形を作成することができます。

CAD ソフトには作図用のコマンドとしてコマンドメニューやコマンドツールアイコンなどがありますが、その名称や内容は CAD ソフトによって異なる場合があります。以下に2次元 CAD の基本的な作図用のコマンドを紹介します。図に示すように、同じ図形を作図するとき、できるだけ設計者の意図に応じた操作ができるようにさまざまな入力方法があります。

線分（図 2-2-1）

線分を描くときに、①始点と終点の2か所を指定して描く方法、②始点とXおよびY方向の距離を指定して描く方法、③始点と角度および距離を指定して描く方法などがあります。

図 2-2-1　線分の作成

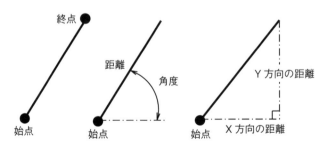

図 2-2-2　平行線の作成

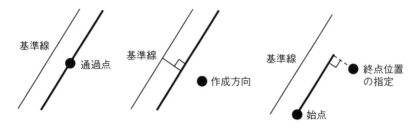

図 2-2-3　水平線、垂直線の作成

平行線（図 2-2-2）

①基準となる線分（基準線）を選択し、その基準線に対してどちら側のどの位置に作成するか（通過点）を指示する方法、②基準となる線分（基準線）を選択し、線分の間の距離を入力して、その基準線に対してどちら側に作成するかを指示する方法、③基準となる線分（基準線）を選択し、始点と終点位置を指示する方法などがあります。

水平線、垂直線（図 2-2-3）

①指定した位置（通過点）に、水平線および垂直線を作成する方法や、②指定した位置と始点、終点の位置を指示し、決まった長さの水平線および垂直線を作成する方法などがあります。

直交線、垂線、接線（図 2-2-4）

直交線、垂線では始点を指示し、基準線に直交する線分を作成する方法や、距離を入力して、作成方向を指示する方法などがあります。垂線では、指定位置あるいは2つの既存要素間に線分を作成します。接線を指示した方向に線分を作成する方法などがあります。

図 2-2-4　直交線、垂線、接線の作成

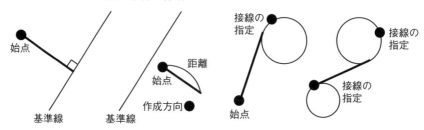

図 2-2-5　円の作成

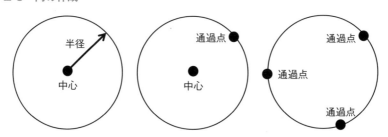

図 2-2-6　楕円の作成

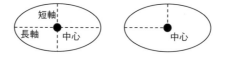

円（図 2-2-5）

任意の円を作図する機能です。①中心と半径を指定する方法や、②中心と通過点を指定する方法および③３点を通る方法などがあります。

楕円（図 2-2-6）

任意の楕円を作図する機能です。①中心および短軸と長軸の距離を指定する方法や、②中心および各軸方向の中心までの距離を指定する方法などがあります。

円弧（図 2-2-7）

任意の円弧を作図する機能です。①中心と始点および終点を指定する方法や、②始点と終点および通過点を指定する方法や、③始点と終点および開き角度を指定する方法などがあります。

図 2-2-7　円弧の作成

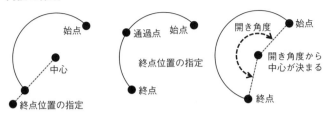

図 2-2-8　接円、接円弧の作成

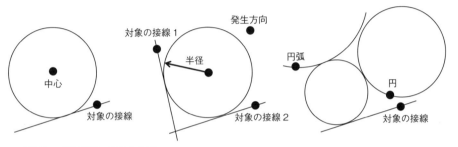

接円、接円弧（図 2-2-8）

　任意の要素に接する円、または円弧を作図する機能です。既存要素に接する円または円弧を作成する場合、①要素と作成する接円の中心を指示する方法や、②2つの要素と作成する接円の半径（または直径）および接する要素から円を作成する方向を指示する方法や、③3つの要素を指示する方法などがあります。

多角形（図 2-2-9）

　多角形を作図する場合、多角形の角数とその多角形に、①外接または内接する半径と中心を指示する方法や、②多角形の1辺の長さと1つの頂点の位置を指示する方法などがあります。

自由曲線（図 2-2-10）

　連続した点を順次入力することで、指定した複数の通過点を通る開いた自由曲線や閉じた自由曲線を作成することができます。入力した点の近傍を通過する曲線や入力された点群から計算式にBスプラインを使用するスプライン曲線などがあります。

2・機械用CADの基本

43

図 2-2-9　多角形の作成

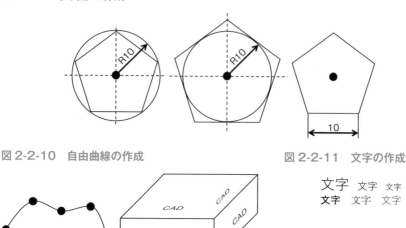

図 2-2-10　自由曲線の作成

図 2-2-11　文字の作成

文字　文字　文字
文字　文字　文字

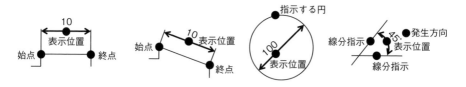

図 2-2-12　寸法線の作成

文字（図 2-2-11）

　図面上に任意の文字を作図することができます。文字を配置する場所、方向などを指定したり、文字の高さや書体を設定することにより、図面中にさまざまな文字を描くことができます。

寸法線（図 2-2-12）

　描かれた図形の寸法値を自動的に計算して、寸法線とともに作図する機能があります。線分や文字などと同じ図形で描かれる場合と、寸法図形として特別な図形が描かれる場合があります。寸法を記入する際には、基準とする位置や図形を指定し、寸法線の位置や形状を指定するためにいくつかの点を指定します。

2 -3 機械用 CAD における 図の編集

●図形を編集する機能

作成した図形の一部を消去したり、変更したりすることも容易にできますが、CAD を使ううえで効果的な使用方法の１つは既存の図形を繰り返し利用できることです。例えば、既存の図形の中に同じ図形があれば、その部分を複写したり、その図形を移動あるいは回転させたりすることができます。また、作成した図形の座標値を記憶しているので、延長、拡大および縮小などの図形操作を行うと、図形に付随している寸法数値も図形の変化とともに自動的に修正されます。さらに、別途作成された図形の要素を読み込んで図形を編集しながら図面を作成することなども容易にできます。

図形の選択（図 2-3-1）

図形の選択方法として、①矩形で指定した範囲に完全に含まれる図形を選択する方法や、②矩形で指定した範囲の一部が含まれる図形を選択する方法などがあります。

移動、回転、反転（ミラー）（図 2-3-2）

選択した図形をほかの場所に移動する機能があります。移動方法として、①移動先を指定する方法や、②ある点を中心として回転させる方法や、③対称軸を選択して、対象図形を線対称に移動させる方法などがあります。

図 2-3-1　図形の選択

図 2-3-2　移動、回転、反転（ミラー）

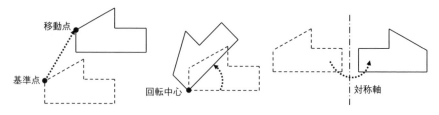

図 2-3-3　複写、回転複写、対称複写（ミラーコピー）

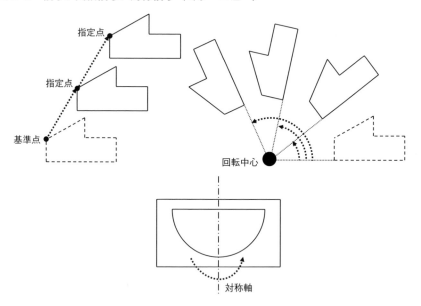

複写、回転複写、対称複写（ミラーコピー）（図 2-3-3）

　選択した図形をほかの場所に複写する機能があります。複写方法は上述の移動、回転、反転と同じで、①複写先を指定する方法や、②ある点を中心として回転複写させる方法や、③対称軸を選択して、対象図形を線対称に複写させる方法などがあります。

拡大、縮小（図 2-3-4）

　選択した図形を拡大、または縮小する機能です。図形を選択して、指定した点を基準に拡大または縮小することができます。

図2-3-4　拡大、縮小

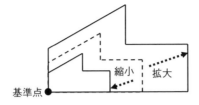

図2-3-5　オフセット

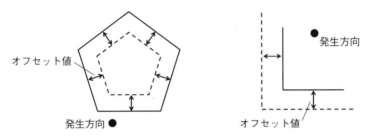

図2-3-6　削除

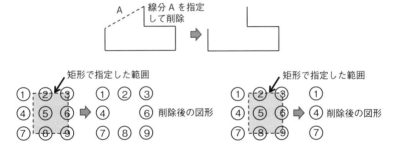

オフセット（図 2-3-5）

　選択した図形や図形の一部から指定した方向に指定した間隔（オフセット間隔）だけ離れた選択要素と等しい、あるいは相似な図形を描く機能です。

削除（図 2-3-6）

　①選択した要素を削除する機能や、②矩形で指定した範囲に完全に含まれる図形を削除する機能や、③矩形で指定した範囲に完全に含まれる図形と、範囲に交差した図形を削除する機能や、④すべての図形を削除する機能などがあります。

図 2-3-7　トリム

図 2-3-8　分割

トリム（図 2-3-7）
　単独の要素を指定の位置で切断する機能です。指定した位置から最も近い交点や端点で図形を切断し削除します。

分割（図 2-3-8）
　単独の要素を指定した分割数で分割する機能です。

 JIS と ISO

　JIS は Japanese Industrial Standards の略で、日本産業規格を意味します。また、ISO は International Organization for Standardization の略で国際標準化機構を意味します。どちらも標準化の規格を定めています。標準化とは、自由に放置すれば、多様化、複雑化、無秩序化する事柄を少数化、単純化、秩序化することです。標準（＝規格）は、標準化によって制定される「取決め」をいいます。工業分野における標準化は、(1) 経済・社会活動の利便性の確保（互換性）、(2) 生産の効率化、(3) 公正性の確保（消費者利益／取引の単純化等）、(4) 技術進歩の促進、(5) その他（安全・衛生の確保、環境保全の確保等）のために重要な役割を担っています。JIS 規格は分野を示すアルファベットと 4 桁または 5 桁の数字で示されます。例えば、製図総則は「JIS Z 8310」、製図 - 文字は「JIS Z 8313」などとなります。

図 2-3-9　フィレット

図 2-3-10　チャンファー

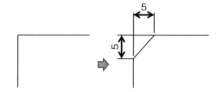

フィレット（図 2-3-9）

　図形の角部を自動的に接円弧にする機能です。角部の 2 つの図形の指示と接円弧の半径を指示することで作成します。

チャンファー（図 2-3-10）

　図形の角を自動的にカットする機能です。角部の 2 つの図形の指示とカットする距離を指示することで作成します。

機械用 CAD における図の管理

●属性を指定する機能

　図形を描くとき、線の種類や色などを指定することができます。さらに作成した複数の図面をそれぞれ画層（レイヤ）を指定して記憶し、格納する別々の画層を用いると、これらを合成することによって容易に全体図や組立図を作成することができます。図 2-4-1 にレイヤのイメージを示します。

●図面を管理する機能

　表示画面上に表示されている図形は、形状そのもののほか、寸法数値、文字および記号などの形状に関連する属性データも一緒に示しています。これらのデータは図面を管理する機能によって外部記憶装置に保存管理することができます。また、必要に応じて、作成した図形を表示画面上に映像として表示することができ、プロッタおよびプリンタによって図面として用紙に出力することもできます。

　CAD システムは、入力図形が**グラフィックデータ**と呼ばれる専用の形式で保存します。図形の種類に応じた属性情報もグラフィックデータに保存されます。CAD ソフトで直線を入力すると、図形や直線の始点や終点の種類を示す ID の座標、端末の色、線種などの属性情報を含むグラフィックデータが図形のデータベースに格納されます。また、円が入力されると、図形の種類、中心座標、半径、色、線の種類などを示す ID の属性情報を含むグラフィックデータが図形データベースに格納されます。図 2-4-2 に図形のデータベースのイメージを示します。

図 2-4-1　画層のしくみ

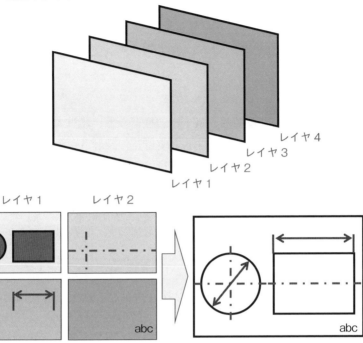

図 2-4-2　図形のデータベースのイメージ

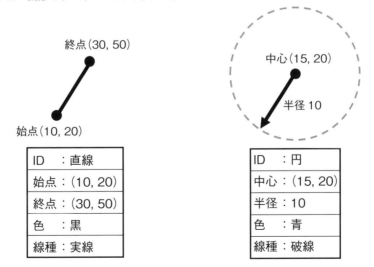

51

2-5 機械設計に使用される 代表的な CAD ソフト

●汎用 CAD

　自動車、飛行機、家電製品、電子情報機器など、私達の身の回りにあるほとんどの部品や製品は CAD ソフトを使用して設計されるようになってきました。使用する CAD ソフトは設計用途によって種類が異なりますが、汎用 CAD と呼ばれている CAD はあらゆる設計に対応した CAD のことで、機械、設備、電気、建築、土木など、さまざまな分野で使用されています。特に、米国の AUTODESK 社が開発する AutoCAD は、世界的なシェアがある汎用 CAD ソフトで、日本でも使用されています。

　CAD ソフトには、有償の CAD と、フリーソフトの汎用 CAD があります。多くの CAD は有償のもので、2 次元および 3 次元でも作図でき、その他にも高度な性能を有しています。一方、フリーソフトの CAD は 2 次元に特化しています。当然のことですが、CAD ソフトが異なると基本的な機能はそれほど変わりませんが、操作方法が変わります。どの業界がどのような CAD ソフトを使用しているか、知っておくことも大切です。

● CAD ソフトに求められるもの

　年々需要が高まっている CAD ソフトですが、設計用途によって使いやすさが異なるため、入手するにあたって以下のポイントがあげられます。

　・データ共有がしやすいかどうか（ソフトのシェアが高いかどうか）。
　・作図方法の選択肢が多いかどうか。
　・精密な図面が作図しやすいかどうか（機能が高いかどうか）。
　・アドオンソフトやプラグインと連動も可能かどうか。
　・画面を見ただけで直感的に作図できるかどうか。
　・ソフトの操作の習得に時間がかかるかどうか。
　・画面構成や設定がわかりやすいかどうか。

・データ容量が大きいかどうか。

図 2-5-1　2 次元 CAD の例

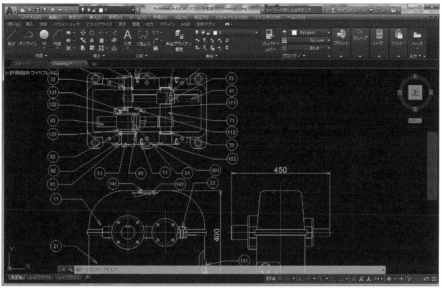

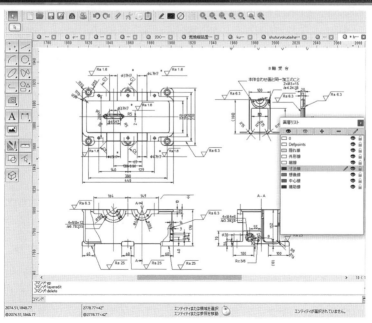

2-6 機械製図の基本

●機械製図の役目

　品物の形や大きさがわかるように、定められた投影法で表したものを図形といいます。また、その図形を所定の様式に従って表し、大きさを示す寸法などの必要事項を書き加えたものを**図面**と呼びます。図面を作成することを**製図**と呼び、機械に関する製図が機械製図です。図面は設計者（図面を作成する人）、製作者（図面によって機械を製作する人）および使用者（機械を使用して仕事をする人）によって取り扱われます。機械を製作するための図面には、製品の形状、寸法、材料などのほか、仕上げの程度、工程、質量などが記入されています。表2-6-1に主な図面の種類を示します。

●製図の規格

　国内では日本産業規格（JIS）があり、日本の工業製品に関する規格や測定法などが定められています。製図総則（JIS Z 8310）には、機械、電気、建築など、工業分野で用いる製図の基本的事項および総括的な製図体系が規定されています。また、機械製図（JIS B 0001）には、機械工業の分野で使用する部品図および組立図の製図などが規定されています。近年では、国際標準化機構（ISO）の製図関係規格に合うように見直されています。

●文字と線

　手書き製図に用いる文字（漢字、かな、ローマ字、数字）について、大きさや書体などが規定されています。一方、CAD製図ではフォントについては特に規定はしていませんが、漢字、平仮名、カタカナは全角を用い、ローマ字、アラビア数字および小数点は半角を用いるのがよいです。
　線の形による種類は、実線、破線、一点鎖線、二点鎖線の4種類があります。それぞれの線の長さや間隔の寸法はJISに規定されています。また、線の太さの種類には、太さの比率で細線、太線および極太線の区別があります。

表 2-6-1　主な図面の種類

分類	図面の種類	内容
用途	計画図	設計の意図、計画を表した図面
	試作図	製品または部品の試作を目的とした図面
	製作図	一般に設計データの基礎として確立され、製造に必要なすべての情報を示す図面
	(工作) 工程図	特定の製作工程で加工すべき部品、加工方法、加工寸法、使用工具などを示す図面
	据付け図	1つの機械や装置などの概観形状と、それに組み合わされる構造または関連づけてすえつけるために必要な情報を示した図面
	注文図	注文書に添えて、品物の大きさ、形、公差、技術情報など注文内容を示した図面
	見積図	見積書に添えて、依頼者に見積内容を示す図面
	説明図	構造、機能、性能などを説明するための図面
表現形式	展開図	対象物を構成する面を平面に展開した図
	曲面線図	船体、自動車の車体などの複雑な曲面を線群で表した図面
	計装図	測定装置、制御装置などを工業装置、機械装置などに装備・接続した状態を示す図面
	(電気) 接続図	図記号を用いて、電気回路の接続と機能を示す図面
	配線図	装置またはその構成部品における配線の実態を示す図面
	配管図	構造物、装置における管の接続・配置の実態を示す図面
内容	部品図	部品を定義するうえで必要なすべての情報を含んだ、これ以上分解できない単一部品を示す図面
	組立図	部品の相対的な位置関係、組み立てられた部品の形状などを示す図面
	素材図	機械部品などで、鋳造、鍛造などのままの機械加工前の状態を示す図面
	鋳造模型図	木，金属または他の材料でつくられる鋳造用の模型を描いた図面
	配置図	地域内の建物の位置、機械などの据付け位置の詳細な情報を示す図面

出典：JIS Z 8114 (1999) 製図—製図用語

●投影図

　機械製図では第三角法と呼ばれる投影方法がよく用いられています。図2-6-1に第三角法による投影図の配置を示します。この投影法は図を描いたり見たりするときに、対応する図が隣どうしに配置されているので図が描きやすく見やすいです。品物の投影図を描くときには、その品物の特徴が最もよく表される面を正面図として描きます。また、正面図で表せないところを平面図や側面図などで補足します。また、この他の図示法として、第一角法という投影法があります。

●立体的な図示方法と展開図

　品物の形状をわかりやすくするために、1つの図形で立体的に図示する方法として等角図やキャビネット図などがあります。図2-6-2に等角図とキャビネット図を比較したものを示します。等角図は直交するx軸、y軸、z軸が互いに120°となり、便宜上、各軸方向の長さを実際の長さと等しくします。キャビネット図では、奥行きの線を水平線に対して45°傾け、その長さは実際の長さの半分で表します。

　また、薄板でダクトや各種容器などを製作するときには、立体図形のすべての面を一平面上に表す必要があり、それを展開図といいます。図2-6-3に展開図の例を示します。実際の部品では、板の継目や板の厚さを考慮した設計が必要です。

図 2-6-1　第三角法

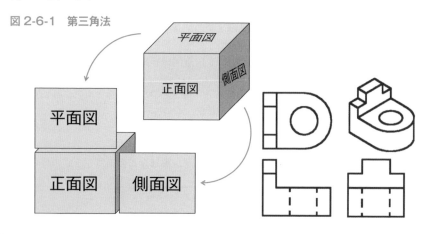

56

図 2-6-2　立方体の等角図とキャビネット図の比較

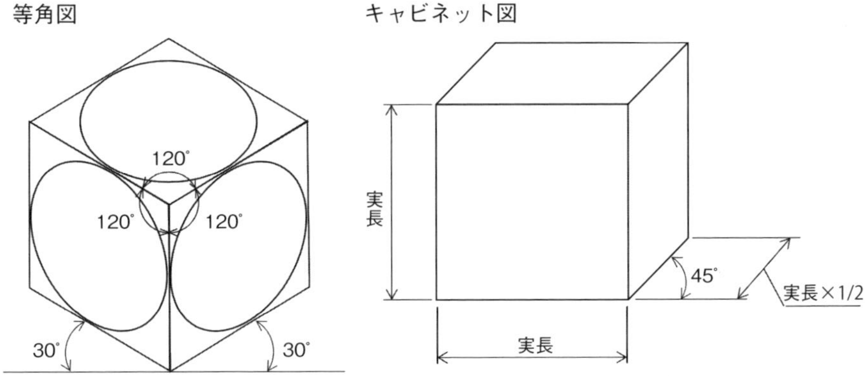

等角図

キャビネット図

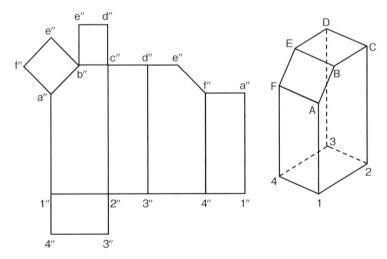

図 2-6-3　展開図の例

2-7 3次元 CAD とは

● 3 次元 CAD の概要

　3 次元 CAD は図 2-7-1 に示すようにコンピュータがつくり出す仮想の 3 次元座標空間に立体形状を定義するものです。図形は 2 次元 CAD と同様にコンピュータ内部に座標値で表現され、物体計上は線分と面で表現されます。3 次元 CAD は、種類によって質量や素材特性までを設定できるものもあり、実際にできあがるものの形、体積、慣性モーメントおよび重心といったそのもののマスプロパティを計算することができます。さらに、3 次元形状データを加工や試験などに活用することができます。また、シミュレーションソフトを使用することで、構造解析、機構の検討、詳細な干渉チェックなども事前に行うことができます。

● モデリングの概要

　3 次元の形状が製品を構成する個々の単品であるとき、この 3 次元領域を**パーツ**あるいは**パーツモデル**と呼びます。一般には、ソリッドモデルで構成され、必要に応じてワイヤーフレームモデルやサーフェスモデルが利用されます。一般的な CAD は、3 次元のモデル形状の他に、モデリングの操作手順の履歴や属性の情報をパーツに保持することができます。これらの情報は、モデルの形状の変更に有効に活用でき、また、設計者の設計意図を理解するためにも有用です。

　また、3 次元 CAD でもパーツ同士を部分的に組み立てたサブアセンブリモデルの配置情報を保持し、表示することができます。この機能をアセンブリ機能といい、アセンブリ機能で作成される配置情報を有するモデルをアセンブリモデルといいます。配置情報とは、1 つまたは複数個のパーツや部分的に組み立てたアセンブリモデルが 3 次元空間上のどの位置に存在しているかを示す情報です。

　3 次元モデル（部品）を基本とし作成された、アセンブリや図面はファイ

ル間での双方向の関連性をもちます。1つのファイルで行った作業内容が関連する他のファイルにも反映されます。図 2-7-2 にモデルの関連性の例を示します。

図 2-7-1 3 次元モデルの例

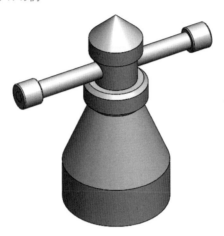

図 2-7-2 3 次元モデルの関連性

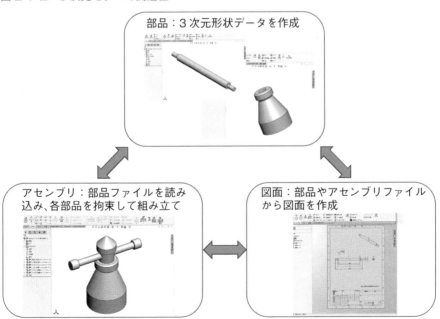

部品：3 次元形状データを作成

アセンブリ：部品ファイルを読み込み、各部品を拘束して組み立て

図面：部品やアセンブリファイルから図面を作成

2 -8 3次元 CAD における 立体図形の作成

●立体図形を作成する機能

立体図形を作成する代表的な手法には図 2-8-1 に示すように、平面上の図形を押し出したように厚さを与え、立体を作成する押し出しや、平面上の図形をその平面上の軸に対して回転させ、立体を作成する回転などがあります。

押し出し：断面スケッチを面直方向に平行移動させて形状を作成する（図 2-8-1）。

回転：指定した軸を中心に断面スケッチを回転させて形状を作成する（図 2-8-2）。

ロフト：複数の断面スケッチを連続的に結んで形状を作成する（図 2-8-3）。

スイープ：断面スケッチを軌道に沿って移動させて形状を作成する（図
押し出し
2-8-4）。

図 2-8-1　押し出し

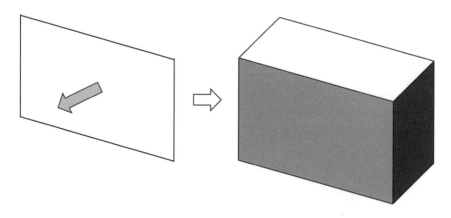

図 2-8-2　回転

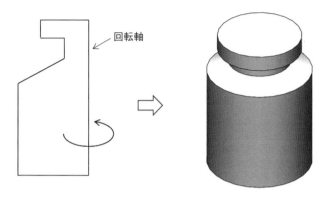

回転軸

図 2-8-3　ロフト

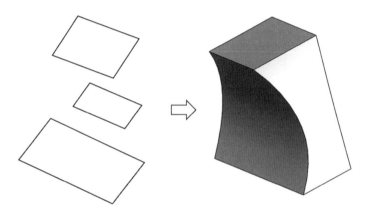

図 2-8-4　スイープ

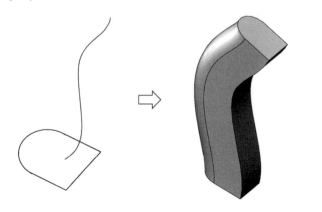

3次元CADにおける立体図形の編集

●立体図形を編集する機能

2次元CADと同様の編集機能以外に、立体図形の角丸めや面取り、立体図形の切断、立体図形の結合を行う和や除去を行う差および2つの立体の共通部分を残す積による集合演算などがあります。これらは、立体の形状、複数の立体を組み合わせた複合形状を作成するのに用いられます。

面取り：指定した稜線に対して、入力した幅や角度で面取りする（図2-9-1）。
フィレット：指定した稜線に対して入力した半径値で丸める（図2-9-2）。
シェル化：肉厚を指定して、ソリッドモデルの中身を取り除く（図2-9-3）。
テーパ：指定した面に対して、入力した角度で勾配をつける（図2-9-4）。
切断：指定した平面または曲面でソリッドモデルを切断する（図2-9-5）。

図2-9-1　面取り

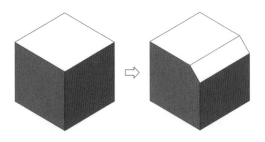

図2-9-2　フィレット

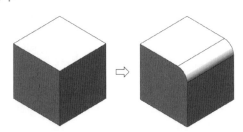

図 2-9-3　シェル化

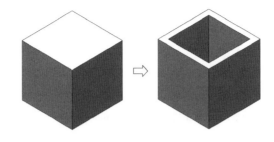

図 2-9-4　テーパ

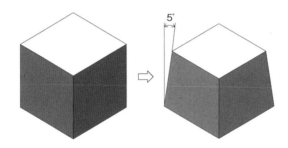

図 2-9-5　切断

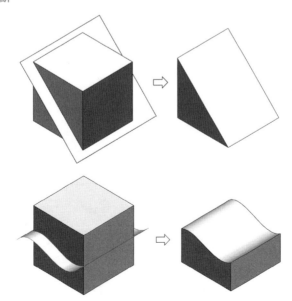

パターン：ソリッドモデルを、直線に配列複写したり、円形に配列複写したりするコマンド（図2-9-6）。

　スケール：スケール中心を指定し、ソリッドモデルに対してスケールをかけることができる（図2-9-7）。

　ミラー：ソリッドモデルを平面を基準として対称に複写するコマンド（図2-9-8）。

　ブーリアン演算：ソリッドモデル同士の和集合（2つ以上のモデルを足して、1つのソリッドモデルを作成）、差集合（基準とするソリッドモデルを引き、ソリッドモデルを作成）および積集合（2つ以上の形状が重なっている部分のソリッドモデルを作成）を行うことができる（図2-9-9）。

●自動計測の機能

　ソリッドモデルがもっている X、Y、Z の3軸の座標情報から、表面積、体積、重心、慣性モーメントなどを自動的に計算することができます。また、寸法数値を自動的に計算し図形に挿入することができます。

図2-9-6　パターン

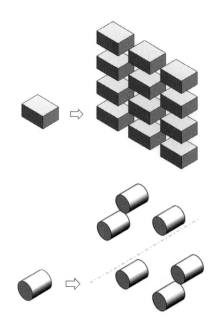

図 2-9-7　スケール

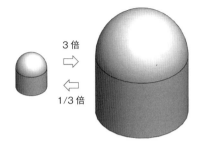

3 倍

1/3 倍

図 2-9-8　ミラー

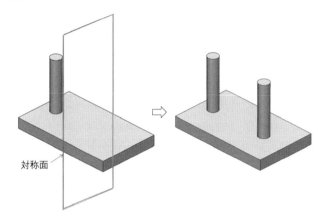

対称面

図 2-9-9　ブーリアン演算

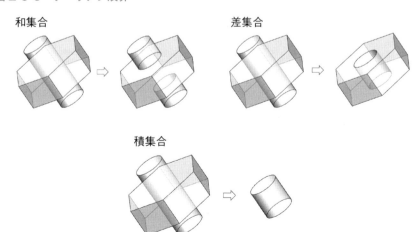

和集合

差集合

積集合

2-10 3次元CADにおけるモデリング

●立体図形を表示する機能

　3次元CADでは、製品などの立体形状をコンピュータ内部の仮想空間につくり上げることを**モデリング**と呼びます。また、つくり出された立体形状を**形状モデル**と呼びます。このモデリングの方法には、ワイヤーフレームモデル（図2-10-1）、サーフェスモデル（図2-10-2）およびソリッドモデル（図2-10-3）の3種類があります。図2-10-1に3種類のモデリングの違いを示します。ワイヤーフレームモデルは立体形状を頂点と頂点を結ぶ稜線のみで表現した形状モデルです。サーフェスモデルはワイヤーフレームモデルに面の情報を付加した形状モデルです。ただし、面には厚みがないので、物体の質量を表現することはできません。ソリッドモデルは頂点、稜線、面、質量を表現した実物に最も近い形状モデルです。ソリッドモデルは設計から製造工程まで一貫して利用できる形状モデルで、重量や重心などの測定も可能なことから、現在、3次元CADで最も利用されている形状モデルです。

図2-10-1　ワイヤーフレームモデル

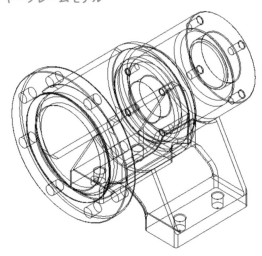

図 2-10-2　サーフェスモデル

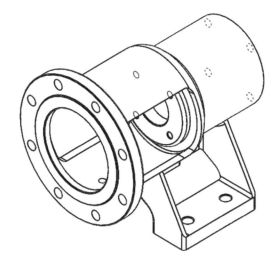

図 2-10-3　ソリッドモデル

2-11 3次元モデルの活用範囲

●デジタルデータを用いたものづくりの流れ

　最近の設計製造工程においては2次元CADおよび3次元CADを用いて図面を作成し、CAMを用いて加工データを作成し、CNC工作機械によって加工を行うという流れが一般的です。また、研究開発工程においても、CAEを用いたさまざまな解析が行われています。

●コンカレントエンジニアリング

　製品およびそれに関わる製造やサポートを含んだ工程に対し、統合された同時並列的に設計を行おうとする**コンカレントエンジニアリング**と呼ばれる、システマティックなアプローチがあります。このアプローチは、品質、コスト、スケジュール、ユーザーの要求を含む概念から廃棄にいたるまでの製品ライフサイクルのすべての要素を開発者に最初から考慮させるように意図されたものです。コンカレントエンジニアリングで原価企画は重要な位置づけをもち、生産管理についてもより上流で検討されることになります。例えば、チーム設計、同時進行のエンジニアリング、機能−生産同時設計などという表現はコンカレントエンジニアリングを表しているといえます。コンカレント（Concurrent）には、並行する、共存する、共同する、協同する、などという意味合いが含まれています。

　コンカレントエンジニアリングでは、それまでの仕事の順番が決まっていた複数の部署が、同時に業務にあたることができます。実際には、異なった部署の担当者が共通の目的に向かって一緒に仕事をすることになるので、一気に多くの情報が終結します。一方で、品質とコストのどちらを優先させるのかなど部署間で考え方が異なる場合があります。それまで当たり前だと思っていたことが会社全体で考えれば最適解が別にあることに気づいたりします。こうしてものづくりの現場では担当者も含め、それまでの業務プロセスの問題点を発見し、対策しながら作業を進めています。

図 2-11-1　製品開発工程と期間

従来の設計の流れ

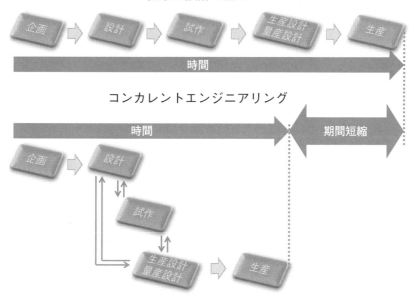

コンカレントエンジニアリング

図 2-11-2　コンカレントエンジニアリングの例

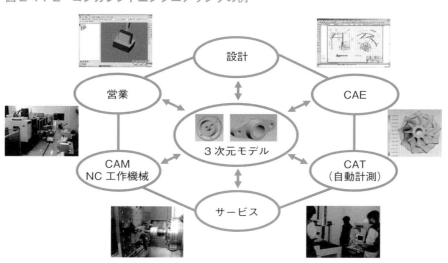

2 -12 代表的な3次元 CAD ソフト

● 3次元 CAD のタイプ

3次元 CAD は機能によって大きく3つのタイプに分類されます。

- ・ハイエンド CAD
- ・ミッドレンジ CAD
- ・ローエンド CAD

ハイエンド CAD

3つの中で最も高機能な CAD で、製品の部品点数が多く、グラフィック性能の高い3次元モデルや、複雑な設計を必要とする分野で利用されています。一方で、ソフトの操作が非常に複雑なため、技術の習得に時間を要します。主なソフトとして、CATIA、Creo Parametric（旧 Pro/ENGINEER）、I-Deas、NX、Unigraphics（UG）などがあります。

ミッドレンジ CAD

ハイエンド CAD と比べて操作が比較的簡単ですが、ハイエンド CAD と同様の精度の高い機能は有していません。しかし設計においては、ハイエンド CAD に劣らない機能を持ち合わせているので、多種多様な分野で利用されています。主なソフトとして、Fusion 360、Inventor、SolidWorks などがあります。

ローエンド CAD

製品設計など実務で扱うには機能が十分ではない場合が多いようです。しかし、ローエンド CAD はフリーソフトを含む低価格の製品なので、まずはモデリングをしてみようと思っている方にはよいかもしれません。主なソフトとして、Creo Elements Direct Modeling Express、DesignSpark、

Inventor LT などがあります。

● 3 次元 CAD ソフトの利点

3 次元 CAD は 2 次元 CAD と比べて以下の利点があります。

・部品を製作し組み立てることがソフトの中でできる。
・部品同士に干渉がないか、検査や解析がソフト上でできる。
・履歴編集が可能である。
・試作が減らせるのでコストの削減につながる。

図 2-12-1　3 次元 CAD の例

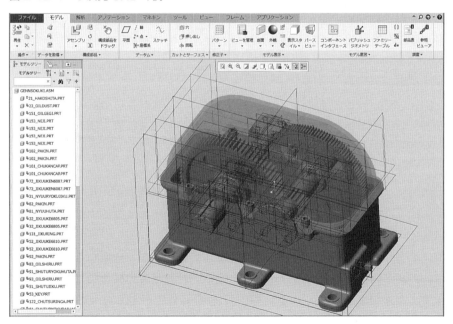

2-13 CAM と CAE

● CAM とは

CAM（Computer Aided Manufacturing）とは、パソコン上でコンピュータ数値制御（CNC）の工作機械を操作するために、加工プログラムを作成するソフトウェアです。機械加工では、いわゆる CAD/CAM システムにより、工程設計から NC コードとよばれる加工プログラムの作成が行われると同時に治工具の設計が検討されます。既存の治工具が適用できるかどうか、既存設備でうまく量産できるかどうかもチェックでき、加工コストの点から数々の改善提案をすることができます。また、製作しにくい形状である場合の予想されるデメリットを数値化して設計者と一緒にその対策について検討することも可能です。

● CAE とは

CAE（Computer Aided Engineering）は、設計や製造の前段階での検討などといったエンジニアリングの作業や、対象となる要素をコンピュータ上でシミュレーションして調べることをいいます。シミュレーションする対象としては、変位場、応力場、温度場、流れ場などいろいろありますが、それぞれ適切なツールを用いて解析対象をモデル化（数理モデル化）し、数値解析手法で計算します。主に設計時の性能や強度予測および原因解明等に利用されています。CAE を利用することによるメリットとして、開発期間の短縮、試作や試験コストの削減、実際の試験ではできない極端な条件下での検討、実測が困難な挙動の計算が可能となり、設計品質の向上などがあげられます。近年のものづくりにおいて、CAE を有効に活用した製品開発をすることがとても重要になってきています。

CAE のソフトウェアは、プリプロセッサー、ソルバー、ポストプロセッサーと呼ばれるソフトウェアで構成されていることが多くなってきました。プリプロセッサーで幾何学形状の入力と諸条件の設定などを行います。ソル

バーでは基本的に解析に必要な設定を記述したファイル（**入力ファイルやインプットファイル**などと呼びます）を読み込んで計算を実行し、終わったら計算結果をファイルで出力します。ポストプロセッサーで計算結果をコンピュータグラフィックスでビジュアル化したり、アニメーションで見せたり、グラフを作成したり、さまざまな方法で結果を見ることができるようになっています。

図 2-13-1　CAM の例

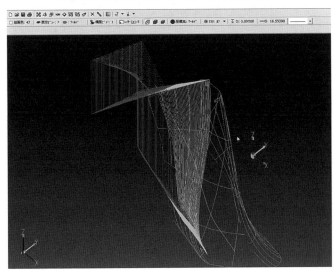

図 2-13-2　CAE の応力解析の例

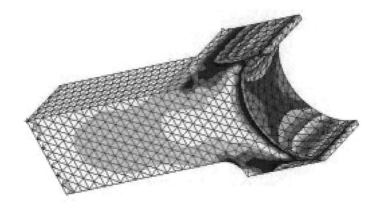

図 2-13-3　CAE の流体解析の例

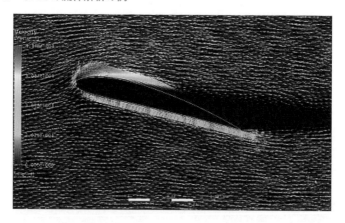

第 3 章

建築用CADの基本

　建築物は大きな製品です。そしてたくさんの部品が集まっ
てできています。建築 CAD においては、大きな建物を縮小
して描くということを行います。本章では建築 CAD の概要
と特徴を理解し、最新の建築 CAD はどのようなものかを理
解しましょう。

3-1 建築用 CAD の概要

●建物用 CAD は部品の集合体

　建築は1つの製品です。大きな視点で全体を見るので1つの製品ですが、よく見るといくつもの部品を集めて組み立ててつくられています。それぞれの部品は、違う会社の製品を使用しているので組み立て方を注意する必要があります。1つ1つ違う会社の製品をまとめて統合した形にするのが建築であり、建物です。

　統合するためには全体の姿や、考え方のわかる建築図面が必要です。組み立て方やデザインを検討してつくり上げた建築図面は、すべてに優先します。以前は、手書きの図面を用いていましたが、現在は建築 CAD 図面が主流です。建築 CAD 図面で扱う CAD データが豊富になっていることや修正や変更が簡単にできることなどが理由です。建築 CAD では必要な部品すべてを描いて表現する必要があります。

　しかし、小さな図面にたくさんの情報を書き込むと細かすぎてわかりにくくなります。そこで建築 CAD では全体の様子を見せるために、ほとんどの部品の線を省略して、外形がわかる程度の図面にする必要があります。細かい部分がわかる詳細図（拡大した図面）では、すべてを表現するようにします。

　図 3-1-1 は住宅の1階平面図です。全体の雰囲気や周りとの関係をわかりやすくするために、壁の中は空洞のように描かれています。実際は壁の中に構造体や間柱、断熱材や石膏ボードなどが入っていて部分的には設備の配管も横切っています。全体を理解するための図面では省略した表現で描かれています。この図面では外壁に沿って寸法が書き込まれています。どの位置に窓を設置するのかを明確に示しています。寸法を見ると上下の壁で窓の位置を合わせているのがわかります。また、中央の窓から等間隔に設置されていることもわかります。図 3-1-2 は玄関部分の拡大図面です。拡大した詳細図では壁の中も表現します。表面の仕上げ材の厚さ、下地材、間柱、構造体を表現します。壁の中に入れる断熱材も表現します。また、向こう側に見える

"見えがかり" と呼ばれる仕上げ材、この図面では玄関の床仕上げ材であるタイルの表現も行います。

図 3-1-1　1 階平面図

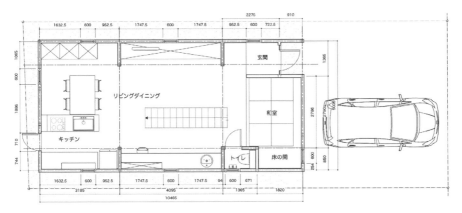

1 階平面図

図 3-1-2　玄関詳細図

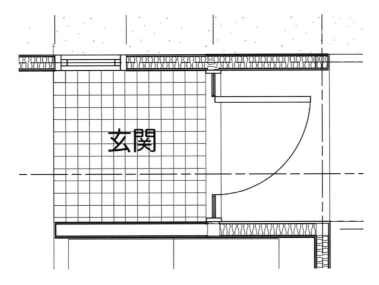

記号を組み合わせて表現

●記号とルール

　建築製図では図面を決められたルールに従って作成します。建築CADも基本的に同じルールで作成します。記号は建築物の部品を表現する共通言語として誰でも理解できるように、国土交通省およびJISで定められた形で表現されています。寸法線の表現も建築図面においては、中心線を基準に表現するなど特有のルールがあります。

　また、線の種類や太さも標準のルールが決められていて誰もが共通して理解しやすいように定められています。国家資格である一級建築士の「設計製図の試験」では、このルールに従い図面を定められた時間内に作成します。つまり基本ルールを身に着けることが資格取得にも必須となっています。建築CADにおいてはソフトに機能があるので、細かい部分は自動で調整されます。

　図3-2-1では壁芯（壁の中心線）で寸法が測られていることがわかります。これは建築独特のルールです。通常のプロダクト製品は表面の仕上げ寸法で測定されるのですが、建築は人の手でつくり上げるので仕上げ寸法にばらつきが出やすいことや測定もしにくいこともあり壁芯で測定します。壁の途中に窓が描かれています。窓の幅は外寸で600 mmです。

　建築は寸法をミリメートルで表記します。壁は太線で表現します。窓は細かい部品の組み合わせ製品であり、部品として用意されています。メーカーのホームページにアクセスするとCADデータがダウンロードできます。細かい部品で構成されているので細線で表現します。キッチンのシンク（洗い場）も上から見下ろした姿で描かれています。よく見ると、水栓、ハンドル、排水口が表現されているのがわかります。建物の外側に描かれている一点鎖線は敷地境界を表現しています。

図 3-2-1　リビング廻り詳細図

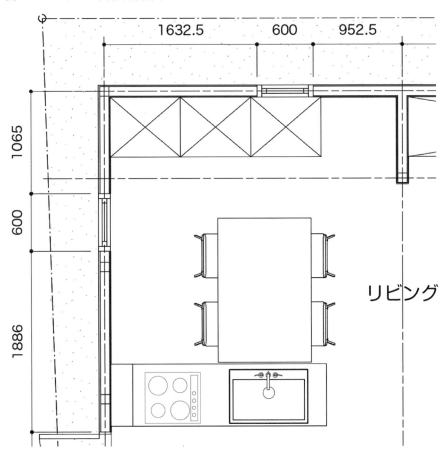

リビング

3-3 建築 CAD 部品はそれぞれ別データ

●建築 CAD 部品のデータ

　手書きで建築図面を描く場合は、建築部品1つずつそれぞれ記入していきます。そのため毎回部品を新たに描かなければなりませんでした。建築CAD部品は2つの方法で簡単に部品データを入れることができます。1つはソフト自体のコマンドで部品をつくる方法です。寸法指定すればすぐに記入できます。もう1つはメーカーなどが公開しているデータを用いる方法です。ダウンロードすればこちらも自由に使うことができます。特殊な部材を使用する場合はすべて自分で描くことになります。

　プログラムやメーカーのCAD部品データを用いる場合は、窓の寸法が変更になる場合も部分的な変更や全体の変更に対応できるようになっています。もし変更になっても短時間で対応できます。建築CAD部品はトイレの便器や洗面器、ユニットバスなどがあります。これらの建築CAD部品データはいくつもの部品の組み合わせであり、正確な寸法で描かれているのでとても便利な部品です。建材メーカーのHPにアクセスすると自由にダウンロードできるようになっています。データが重くならない程度に使うことをおすすめします。

　図3-3-1は2階の図面です。吹き抜け部分は一点鎖線をクロスさせて表現します。この図では「吹抜け」と記入されていますが、記入されない場合が多いです。矢印は階段の上がっていく方向を示しています。図面で矢印が記入されていたら、その場所は階段かスロープだと思ってください。

　この図面の中で建築部品CADデータは便器、紙巻き器、洗面器、トイレ・洗面所入口の扉、アルミサッシの部分に用いられています。ここで用いられているデータは3D（立体）CADデータにもなっているので、平面図を作成することで立体的な空間も同時につくり上げることができます。

図 3-3-1　建築 CAD 図面におけるデータ

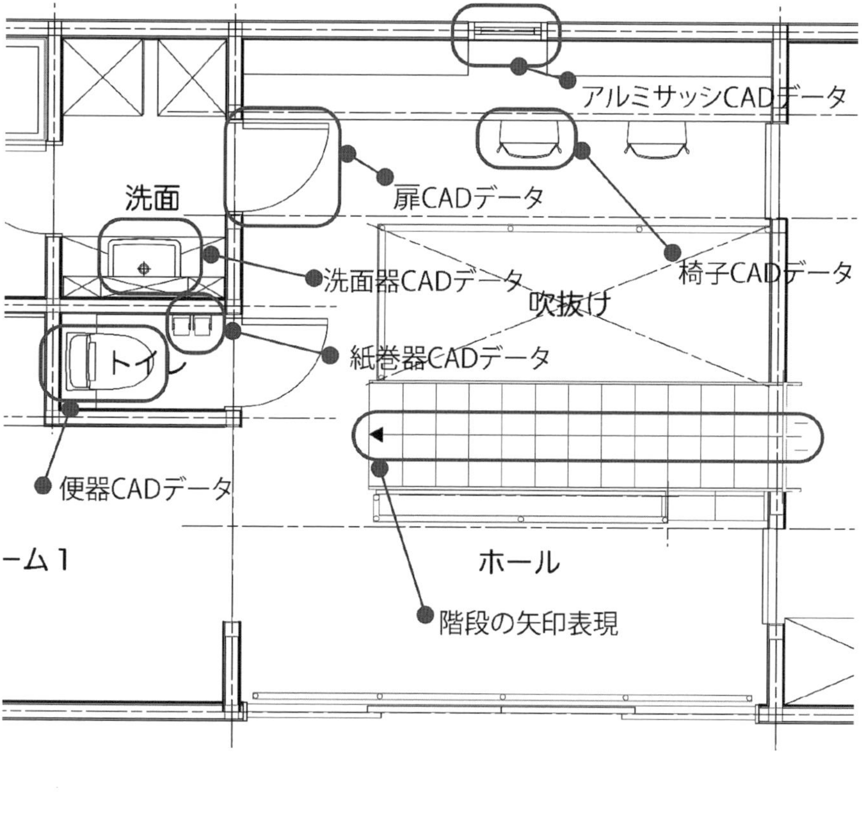

アルミサッシCADデータ

扉CADデータ

洗面

椅子CADデータ

洗面器CADデータ

吹抜け

紙巻器CADデータ

トイレ

便器CADデータ

ーム１

ホール

階段の矢印表現

●建築 CAD の考え方

　建築物は多くのプロダクト製品を組み立ててつくるので大きな「製品」です。大きいため原寸（実際の大きさ）で図面を描くことができません。建築図面では現物の1/50、1/100、1/200に小さくしたスケール＝縮尺で表現します。縮尺は図面を描く対象の内容と紙面の大きさで決定します。大きな施設を描く場合は、A1サイズ（841 mm × 594 mm）にあわせた縮尺にします。住宅であれば A2（594 mm × 420 mm）か A3（420 mm × 297 mm）に合わせた縮尺にします。縮尺が小さくなると、建物以外に周りの環境なども図面で表現できます。

　その一方で建物の図面として表現できる内容が限られます。建築 CAD で描くと、1つの図面で細かい部分を描き込んだ詳細図と全体の雰囲気を伝える簡略な図面を兼用することができます。それぞれを部品化し表示したり、表示を消したりすることで兼用が可能なのです。

●図面の種類

　建築物は大きいのですべての部分を表現するためには、数多くの図面が必要になります。主な図面の種類を表 3-4-1 に示します。建物の種類や規模により多少の増減はありますが、ほとんどの建物で同じ程度の図面を作成することになります。小さな住宅でも数十枚は図面を作成します。

　規模が大きくなるに従い図面枚数は増えます。数百枚の図面を作成することは珍しくありません。大きなプロジェクトでは数千枚の図面を作成することもあります。建築 CAD は、1つの図面を加工することで他の図面に応用することもできます。立体的なデータをつくることでいくつかの図面を省略することも可能です。建築 CAD は作図する際の省力化にとても役立つのです。

表 3-4-1　建築図面の種類・内容

順番	図面名称	縮尺	内容
1	表紙		
2	目次		枚数が少ない場合は表紙と組み合わせます。
3	特記仕様書		必要な情報を言葉で表現します。
4	工事区分表		分業になる工事の内容を明確にします。
5	敷地案内図		建物の場所を明確にします。
6	敷地求積図		敷地の面積を作図して計算します。
7	敷地現況図		建物を建てる前の状況を表現します。
8	配置図	1/100または1/200	敷地の中でどの位置にあるか明確にします。
9	面積表		建築面積や延べ床面積を計算します。
10	仕上表		仕上げの材料をすべて言葉で表現します。
11	平面図	1/100または1/200	各階の平面図を描きます。
12	立面図	1/100または1/200	東西南北の各立面図を描きます。
13	断面図	1/100または1/200	東西方向、南北方向2面を描きます。
14	矩形図 （かなばかりず）	1/30または1/50	垂直方向の材料、工法など詳細を表現します。
15	部分詳細図	1/30または1/50	特殊な部分を詳細に描きます。
16	展開図	1/30または1/50	部屋の内部の壁面を表現します。
17	天井伏図	1/100または1/200	天井面を描きます。
18	建具キープラン	1/100または1/200	建具（扉や窓など）の位置を示します。
19	建具表	1/50または1/100	建具（扉や窓など）の姿と部品を表現します。
20	外構図		外部空間を描きます。

💬 特記仕様書

　建築図面には特記仕様書という「図面」があります。これは文章だけで表現されている表です。デザインしたものを言葉で表現するというのはとても不思議な感じがします。デザインされたものや空間には必ず仕上げ材料が使われます。その仕上げ材料には名称があります。この名称を間違えないために必ず必要なのです。同時に性能についても言及してあります。基本的な性能が確保されないと使用することや住まうことができません。そのためにも特記仕様書が大きな役割を果たしているのです。

●図面スタイル

　建築図面は輪郭線と表題欄を描き、その輪郭線の中に図面を表現します。表題欄には図面名称、縮尺、作成日付、制作者名、図面番号などを記入します。設計段階ではさまざまな調整が行われます。図面を作成して形ができあがっても修正することは数多くあります。

　また、申請などの過程で図面を変更することも行います。修正や変更が行われたことがわかるように表題欄に日付を記入します。日付を入れることで正しい図面がわかりやすくなるのです。この図面枠と表題欄は内容は同じですが、枠の形や細かい部分は会社ごとに違います。それぞれの事務所で必要な情報を加えて使いやすくしているのです。

●図面の考え方

　図面は、建物の各面を正投影で写し取ることを基本としています。この原則はプロダクト製品と変わりません。建築物の外観は東西南北の4面と上部から見下ろした屋根伏図で表現します。屋根伏図は通常配置図において表現します。つまり立体的な形は5つの図面があることで把握できるのです。建築CAD図面では逆のことが可能です。

　1つの立体の建物をつくることで、東西南北の立面図と上から見下ろした屋根伏図を同時につくることができます。内部空間も同様です。立体で内部空間をつくることで断面図や展開図などを自動的にレイアウトする機能があり、とても簡単に図面をつくることができるのです。図面はスケールに応じて切断面の調整をすることが必要です。縮尺に応じて見やすくするための加工を行うことで、図面によって伝えようとする情報が明確になります。

図 3-4-1　図面の枠

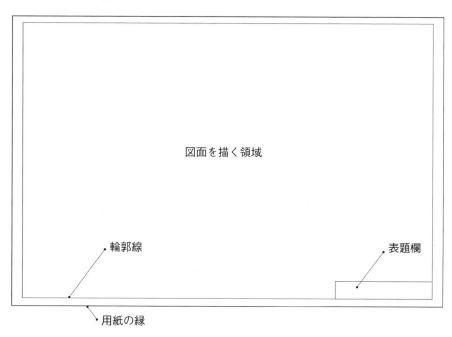

図面を描く領域

輪郭線

表題欄

用紙の縁

図 3-4-2　表題欄

設計者等記入欄 （設計事務所名　管理建築者名等 その業務に必要な表示内容）	工事（物件）名称	図面番号
	図面名称　縮尺　日付	
	担当者名　加筆日付	

85

3-5 建築 CAD の代表的なソフト

●建築 CAD ソフトとは

建築 CAD は目的、用途、コストなどにあわせて多種多様なソフトがあります。大きく分けるとデザイン（意匠）系ソフト、構造系ソフト、設備系ソフト、積算系ソフトなどに分けられます。それぞれが得意な分野に応じたデータと図面を作成しやすくなっています。実際に施工で使われる素材も専門工事ごとに違うため、効率よく仕事を進めるためには専門のソフトが便利なのです。

それぞれのソフトで作成する図面のデータは形式が違います。そのため 1 つの図面にまとめる必要があるときには、共通に扱えるデータ形式に変換してお互いに共有するようにします。また、建築現場や打ち合わせなど出先でデータを使う必要性や、タブレットなどモバイル機器に対応できるようにクラウド対応ができるソフトも増えています。

●デザイン系ソフト

Jw-cad（win）

2 次元の図面作成を得意とする CAD ソフトです。日本で開発された CAD ソフトです。フリーソフトですが、定期的にバージョンアップされていて扱いやすいソフトです。導入にコストがかからないため工務店やゼネコン、設計事務所などで幅広く使われています。

Vectorworks（win & mac）

2 次元、3 次元、BIM、パース作成など建築 CAD で必要な機能を一通りもっているソフトです。個人ですべての図面やプレゼンテーションを行う場合に適したソフトです。毎年バージョンアップしており、基本計画から実施設計、プレゼンテーションなど行うことができるソフトです。学生にはすべての機能を使うことができるグレードのソフトを手ごろな値段で購入できるようになっています。

図 3-5-1　Jw-cad の操作画面

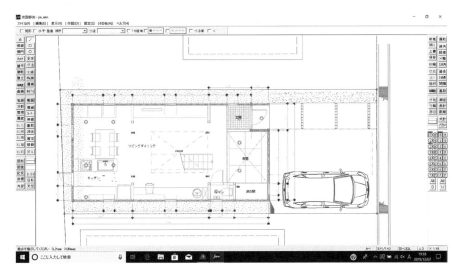

図 3-5-2　Vectorworks の操作画面

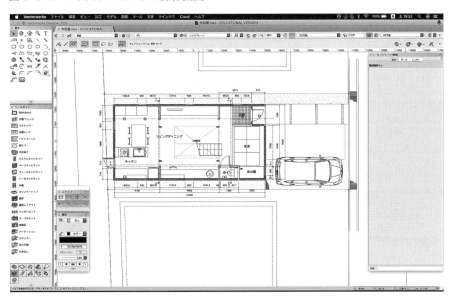

AutoCAD（win & mac）

2次元を得意とするソフトです。3次元図面も作成できます。AUTODESK社のソフトウエアとして全世界で流通しているソフトです。最新のAutoCADでは建築以外の土木設計、機械設計、電気制御設計などの専門分野に対する機能やライブラリーを含むようになっています。

また、外部でも仕事ができるようにファイルを設定することができるようになっていて、デスクトップ、Web、モバイルなどさまざまなプラットフォームからアクセスして作業することができます。AUTODESK社では学生には無償で使えるプログラムが用意されています。

●構造系 CAD ソフト

Tekla（テクラ）

BIMモデリングに対応した構造設計向けソフトです。構造にかかる建設情報を設定した正確な3次元モデルの作成が可能です。また、データを統合し共有することが可能なので意匠（デザイン）系ソフトウエアとも連携できます。構想段階から設計、製作、施工とあらゆる段階で使うことのできるソフトウエアです。

●設備系 CAD ソフト

Tfas（CADWe'll Tfas）

設備系専用のCADソフトです。3次元ソフトウエアです。設備系の機器や配線配管は壁の中や天井裏、床下などのスペースに収められています。外部には室外機や水槽なども設置します。そしてその部分には構造体や下地材などと場所の共有が必要です。

それぞれの部品が干渉（ぶつかる）することを避けるために、立体的なデータはとても有効です。設計段階で十分な検討がされていれば、施工で大きな問題になることはありません。データ共有や問題確認、解決をするためにも3次元設備CADソフトはとても有効なソフトウエアです。

図 3-5-3　AutoCAD の操作画面

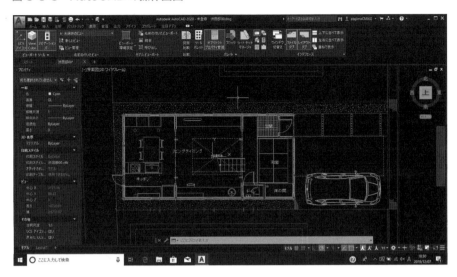

図 3-5-4　Tekla の操作画面

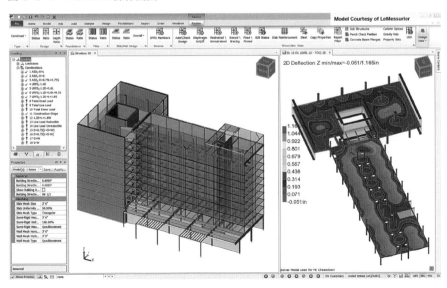

建築 CAD 製図の基本

●図面の役割

　建築図面は定められたルールに従って描きます。それぞれの図面において必ず記入しなければならない情報と設計者が伝えたい情報を図面に記入することで、関係する人全員が情報共有できるようにします。

●ルール

　建築図面では建築物に使用される材料すべてを図面上に表現します。完成（竣工）して実際に使用する姿を図面化します。家具を点線で表記している図面があります。これは家具を完成後に購入する別途工事を示している場合と、設計時点で家具を設置するか決まっていない場合などで用いられる方法です。3次元である立体物を2次元の図面で表現するためには、**投影法**という手法を用います。投影法では四周の四面と上から見下ろした五面を描けば、外部のすべてを描くことができます。内部の平面図は水平方向に平たい面で建物を切断して見おろした部分を表現しています。

　建築物上方から図面を順番に並べると、屋根伏図（屋根面を上から見下ろした図面）→小屋伏図（屋根を支える下地構造体を描いた図面）→各階平面図（各階の平面を目線の高さ＝ FL ＋ 1.5 m ＝床から 1.5 m で切断して上から見下ろした図面）→床伏図（床の下地を描いた図面）となります。縦方向で考えると立面図（建築物を側面から見た図面）→断面図（各階の高さ方向の情報を記入）となります。

　それぞれの縮尺（スケール）に応じて切断面の表現方法が変わります。拡大した図面では壁の中の断熱材や構造材などを表現します。全体を見る図面では壁の中を省略して表現します。建築 CAD 図面では3次元立体を作成し、この立体を4方向から見とることで4立面図、各面で切断することで平面図や断面図を同時につくることができます。

　建築では寸法の基準は、柱や壁の中心線を使います。図面上に描かれてい

る寸法は、中心線を基準に描かれるので実際につくられる建物の外形寸法とは違います。正式な面積の算定も柱や壁の中心線で算定します。詳細図面上では壁の厚さを明記しますから、計算すれば外寸もわかります。CADの図面であれば簡単に計測できます。

図 3-6-1　図面のルール

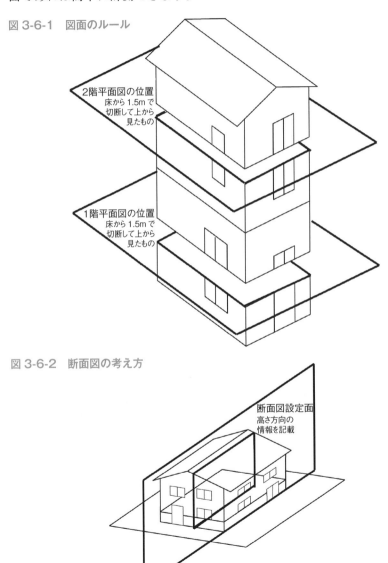

2階平面図の位置
床から 1.5m で
切断して上から
見たもの

1階平面図の位置
床から 1.5m で
切断して上から
見たもの

図 3-6-2　断面図の考え方

断面図設定面
高さ方向の
情報を記載

●記号と省略

　建築物に使われるすべての部品を描くのが建築図面です。ただし、細かく描きすぎると線や点が多く重なるため内容がわかりにくくなります。そこで建築図面においては、部品ごとに簡略化した記号を用いて表現します。これらの記号はCADのコマンドとして入っています。記号が表現する内容を理解しておくと、建築図面で表現されている全体の意図が把握しやすくなります。

　記号の種類は「平面表示記号」「材料構造表示記号」「建具開閉表示記号」などがあります。記号の表現方法は国土交通省やJISで原則を定めています。記号がすべての部材に定められているわけではないので、新しい素材や特殊な部品は新たな表現方法で描かれます。

●縮尺（スケール）に応じた表現方法

　建築物は大きいのでそのままの大きさ（原寸）では図面上に表現できません。建築物全体を縮小して描きます。縮小するサイズにあわせて図面の表現方法を変えます。大事なのは何をつくるか、どのような方法でつくるかを伝えることです。そのために伝えたい情報を縮尺にあわせて記入していきます。拡大した図面（＝縮尺の大きな図面）は細かな部分まですべて表現します。縮小した図面（＝縮尺の小さな図面）ではほとんどの部品を省略して全体の雰囲気や周りの状況やその部分の大きさなどを伝えることになります。

縮尺＝スケール

　図面の縮尺（＝スケール）はS＝1/…という表現を用います。CADで作成する場合は、1つの立体データをもとにして表示する部品を調整して表現します。1つのデータを用いて、表現する部品を変えることによりいろいろな縮尺で兼用して使えるようにしています。

図面レイアウト、文字

　図面のレイアウトの原則では平面図、配置図、案内図等における方位は図面の上方を北とします。立面図、断面図等は、上下方向を図面の上下と合わ

せます。

　文字のフォントは、ゴシック体とし一般的にどのソフトでも入っているフォントを用いるようにします。一般の文字は高さ×幅 = 4.0 mm × 3.5 mm 以上の大きさとし、タイトルは高さ×幅 = 10.0 mm × 8.0 mm 以上の大きさとします。

表 3-6-1　平面表示記号の凡例の一部

表示事項	表示記号	表示事項	表示記号
敷地境界	——————————	出入り口	◁
片引き戸（Ⅰ）		吹抜け	⊠
片引き戸（Ⅱ）		引き違い戸	
両開き戸		引き違い窓	
親子扉		片開き戸	
両開き扉		片開き窓	

図 3-6-3　図面の並べ方

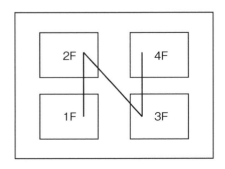
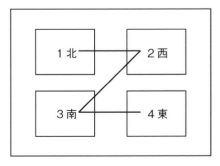

93

3次元CADの特徴

● 3次元CADとは

　3次元CADを用いると、2次元の図面からPC内のCADソフト上で3次元（立体）の正確な建築物をつくることができます。3次元CADが開発されるまでは形の確認のために模型をつくり、2次元の図面を頭の中で組み合わせて立体的な建物を理解していました。図面だけで立体物を把握するのは慣れとコツが必要です。

　3次元CADの技術が進んで、手軽に立体的な建築物をつくることができるようになりました。表現もとてもリアルな表現が可能になりました。この技術を使えば初めての人でも建物や空間の形や雰囲気を理解できます。特に凹凸や曲面などは、3次元CADが最も得意とする表現です。

●自由な表現

　3次元CADデータにおいては仕上げ素材、色、形など自由に検討できます。ほとんどの素材はインターネット上にフリーに使える素材があるので、これを用いて検討します。建物を現実につくるためには、素材を決めなければなりません。構造体から内外装の下地材、仕上げ素材それぞれを選ぶことが必要です。

　仕上げ素材でどのような形をつくるのか、どのような色を使うのかなどをいろいろなパターンで検討できます。最近の3次元CADソフトはプログラミングにより、手軽に自由曲面の立体物をつくることができるようになっており、有機的な形の建物をCAD上につくることができます。

図 3-7-1　3 次元 CAD による外観パース

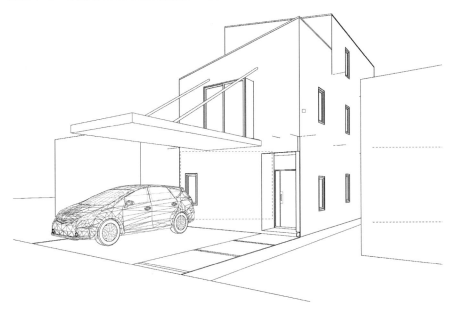

図 3-7-2　3 次元 CAD による内観パース

●照明シミュレーション

　照明を設置して点灯した状態や器具を変更した状態を検討できるのも3次元CADの特徴です。光の配置や強さ、色などの微妙な違いを表現できるのも得意とする分野です。3次元CADでは間接照明や光天井などの建築化照明の点灯状態がどのような雰囲気なども検証できます。

　また、建物の内部空間は用途に応じて明るさの基準が**基準照度**という数値で定められています。例えば、住宅の居間は500 lx（ルクス：明るさを示す値）、玄関は200 lxなどが定められています。この基準照度を実現するためには、どの程度の明るさの照明器具が何台必要で、どのような雰囲気になるかを確認できるのが3次元CADの特徴です。

● BIM（Building Information Modeling）

　BIMとは、3次元CADで使われるデータに物質特性などのデータを加えたものをつくり上げるソフトウエアの総称です。通常の3次元CADは3Dパースなどで形を確認することができますが、表面部分のデータで建築物がつくられています。そのため、切断面では中が空洞になっている場合があります。

　BIMでは、使われる素材ごとに物性データを入れることができます。そのデータをもとにさまざまなシミュレーションが可能です。例えば、壁を熱がどの程度通過するか、室内空間における空気の流れはどのようになるかなどを確認できます。このデータを用いると質量や面積も計測できるので、簡略な積算を行うことも可能です。

　BIMにおいてはLod（Level of dimention）の考え方が重要になります。これはデータの細かさを表す考え方で表現したい内容にあわせて設定します。細かく設定すると繊細な部分までデータ化されますが、データ量が大きくなり扱いにくくなります。扱いやすさと表現内容を考えてバランスの取れたLodに設定することが重要です。

図 3-7-3　BIM による外観パース

図 3-7-4　BIM による内観パース

3-8 代表的な3次元建築CAD = BIM

● BIMの種類

　3次元建築CADの主流はBIMソフトに移行してきています。BIMは建築系ソフトであり、さまざまな部品を組み立てることによりつくり上げられます。そして、そこで組み立てられたBIMデータは物質の特性を数値として保持しているので、質量や面積などを算出することができます。1つの建築物のデータを作成することでさまざまなことに応用できるようになっています。ここではBIMのソフトをそれぞれの特徴を中心に紹介します。

● Revit

　世界的に使用されているBIMソフトRevit 2021では意匠・構造・設備のソフトを統合しています。施工、管理まで含めて3次元データを使いサポートするソフトで、学生向けに無料でダウンロードして使用できる仕組みがあります。

● ARCHICAD

　3Dオブジェクトが充実していて意匠系設計者にとって扱いやすいBIMソフトとして、ヨーロッパ方面で多く使われています。日本でも多くの意匠系事務所において使われています。学生向けに無料ライセンス版があります。

● Vectorworks（Architect）

　汎用CADとして、さまざまな業界で扱われてきたCADで、BIMまで扱えるように発展してきたソフトで、デザイン系の事務所やアトリエ事務所でよく使われています。学生向けに廉価版のソフトが販売されています。

● GLOOBE

BIMから建物の維持管理に使われるFM（ファシリティマネジメント）

まで各ソフトとの連携ができるソフトです。日本仕様の建材データや建築基準法に沿った法規チェックなど国内への対応をしやすくしています。

図 3-8-1　Revit の画面

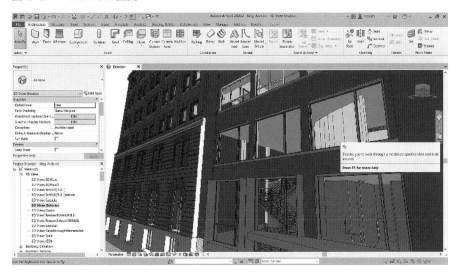

図 3-8-2　Vectorworks（Architect）の画面

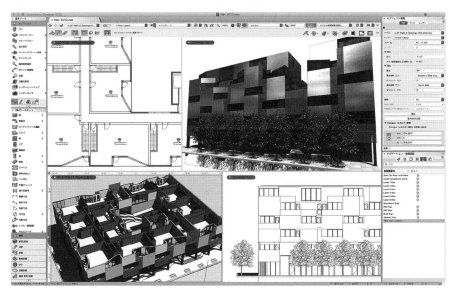

3-9 3次元 CAD の活用方法

●建築用 CAD の情報化

建築用 CAD にはさまざまな情報が入っています。ソフトによりその内容は違います。最新の CAD はモバイルでの活用や BIM との連動などを想定したものになっています。さらに BIM においては物性データなどが部品ごとに設定されているので、いろいろな活用方法があります。

以前は専用ソフトを用いて当時の高性能コンピュータで計算し、実験を通して検証されていたことが汎用 PC の上でシミュレーションできるようになってきました。ここでは建築 CAD の情報化の最新ソフトである BIM の活用方法を紹介します。

●熱のシミュレーション

建築物の周辺がどのような熱環境であるかを BIM でシミュレーションすることができます。太陽光でどのように建物の温度が変わるか、周りに緑があるとどのくらい変化があるのか、素材によってどの程度影響するかなどを検討することができます。省エネルギーで建物を維持するためには 1 つだけではなくさまざまな工夫が必要です。いくつかの条件をあわせて設定しシミュレーションが可能です。

そして建物は定められた断熱性能を確保することが必要です。建築物にかかるコストの合計は資材の調達から始まり、解体して廃棄するまでのトータルコストである**ライフサイクルコスト**と呼び、そのコストのうち初期段階の建設費であるイニシャルコストが全体の 1/4、その後建物の維持管理にかかるランニングコストが全体の 3/4 といわれています。

そのランニングコストは電気、ガスなどの光熱費が大きな割合になります。省エネルギーを念頭においた設計を行うとランニングコストが下がり、環境にやさしい建築物であるともいえます。そのために熱のシミュレーションすることは重要な役割を果たします。

図 3-9-1　熱の指標

建物の表面温度を3次元ビジュアルで見ることができ、色調が表現される。

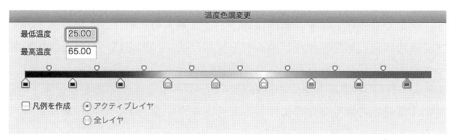

図 3-9-2　熱の表現

季節、時間に応じて温度の変化を把握することができる。色で温度が表現できるので誰でもが理解しやすい表現になる。詳細な熱環境指標や建物エネルギー計算を行うことができる。

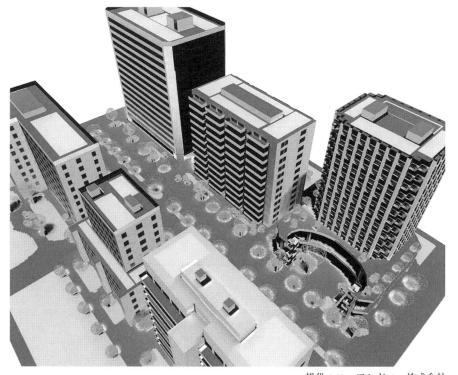

提供：エーアンドエー株式会社

●空気の流れ

建物の周りには常に空気の流れが存在します。風向は季節により変化します。朝夕でも変化します。風向は地方ごとに過去のデータが記録されています。また周辺の建物や環境によっても変わります。例えば、大きな建物があるとその周辺にはビル風が起こりやすくなります。

BIMではこのような空気の流れをシミュレーションすることができます。計画する建物の周りにどのような流れがあるかに関して、以前は細かく計算することはとても難しいことでした。ソフトも開発されていませんでした。建物の外部環境と同じように建物内部においても空気の流れがあります。空気の流れは立体的な動きをします。簡単に分けると平面的な流れと立体的な流れに分けられます。平面的な流れは部屋のつながり方や廊下のつくり方などが影響します。立体的な流れは階段や吹抜けなどが影響します。外部環境に流れる自然な空気の流れを建物の内部に取り入れて、外からの風が中を抜けていくということを意図的につくることも可能です。逆に都心部で周辺環境に窓などの開口部を開くことができない場合などは外部環境と関係なく建物内部だけで空気の流れをつくり、最小限のエネルギーで効率よく温熱環境をつくることも可能です。空気の流れをシミュレーションすることで風などの自然な空気の流れを利用した住宅をつくることが可能であり、環境への影響を少なくすることも可能なのです。

●音の解析

建築物の内部空間には音の環境をつくることも必要です。活発な活動が行われる部屋では発生する音も大きくなります。隣の部屋で静けさが必要な場合は、音が伝わらない工夫をしなければなりません。部屋の中では音が壁で反射するエネルギーと壁の中で吸収されるエネルギーと、透過するエネルギーに分かれます。部屋の中に静かな環境をつくりたいときには壁の透過率を低く設定します。素材の特性がデータとして設定されているので、壁における反射や吸音などをシミュレーションすることができます。

図 3-9-3 　都市における空気の流れ

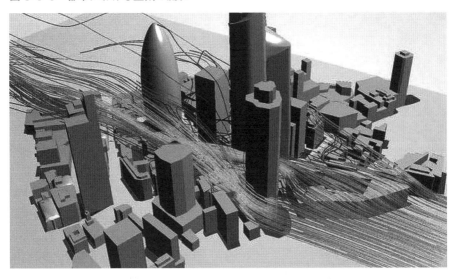

図 3-9-4 　室内における空気の流れ

提供：オートデスク株式会社

●施工シミュレーション

　建築物は通常、施工する期間を定めて工事を行います。施工のスケジュールは**工程表**と呼ばれるスケジュール表に書かれます。この工程表は施工期間の中でどのような工事が進められるかを折れ線グラフのような形で示しています。

　この表はその工事に関わる人たちの共通の情報となります。工程表はスケジュールと工事名称が記されているだけなので、それぞれの工事内容を理解していないと実際に何が行われているのかわかりません。BIM では建築の施工にかかる資材や重機などが 3D データとしてつくられています。これを組み合わせて施工する工程を立体的なアニメーションとして表現することが可能です。

　例えば、**杭工事**（くいこうじ）3 か月と言葉で書かれていてもよくわかりませんが、建物を支える杭が 1 日に 2 本ずつ合計 120 本、土の中に打設されていく状況をアニメーションで見ることができれば概要をほぼ理解できます。建築物の部品がどのような順番で施工されるのか並べることも可能です。どのような工事がどの時期に進められているのかを誰でも見ることができるのです。細かい施工方法までは表現できませんが、全体の進行状況や概要を把握するにはとても有効な方法です。

●光の環境

　照明や光を入れてシミュレーションを行うのは 3 次元建築 CAD の最も得意とする分野です。建築物の仕上素材のテクスチャーや色を変えることも可能ですし、光源の種類や色を瞬時に変えることも可能です。とても自由度が高いため目的を明確にして、何を選び出すのかを決めて取り込むことが必要です。3 次元データを構築して**レンダリング**と呼ぶ仕上げの作業を加えることで、建築空間のリアルな表現を行うことが可能になります。最新のビジュアルである VR 空間を構築するためには、レンダリングをかけて仕上げ材の表現や外部光源、内部光源などを表現することで現実の空間に近い表現を行うことができます。

図 3-9-5　各工事の BIM による 3 次元表現

構造応力分布の可視化

設備の可視化

構造、設備、仕上げを重ねて問題点を解決しながら施工を行う

提供：オートデスク株式会社

3・建築用 CAD の基本

105

●避難シミュレーション

　人の動きを可視化することが可能になり、自然災害や火事など、非常時の人の動きをアニメーションや3次元CAD上で表現できるようになりました。建築物の中や街の中で人がどのような避難を行うかをシミュレーションすることで、有効な避難ルートや部屋の配置の検討を行うことができます。大人数が部屋から避難する際にどの程度の時間で避難することができるのかということや人の流れの動き方を確認することができます。

図3-9-6　避難シミュレーション操作画面

SimTread上で条件を設定

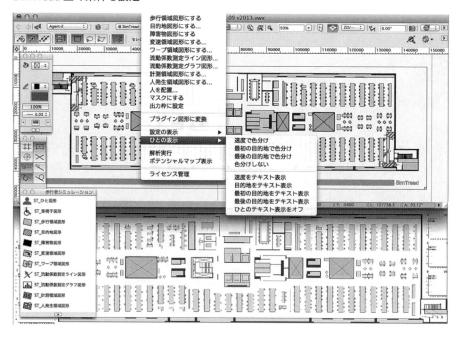

図 3-9-7　避難シミュレーション例

避難開始10秒後

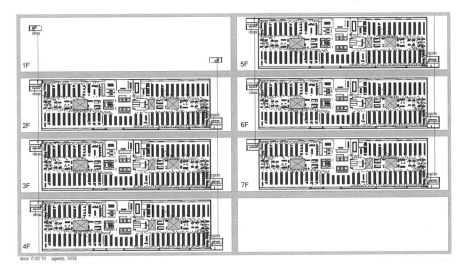

60秒後　出入り口に人が集中しているのがわかる

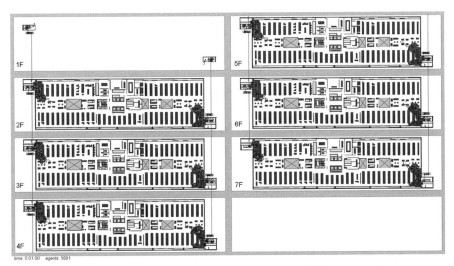

提供：エーアンドエー株式会社

●敷地境界線

　最初に計画地の敷地境界を描きます。正確な敷地のデータを使い描きます。正確な敷地データとは「公図」により作成したものです。公図は法務局から取得することができます。このデータは座標値で記されているので、そのまま使用して描くこともできます。この座標をつなぐと1つの閉じた形ができます。これが敷地境界線になります。

　計画地は敷地境界線を挟んで他の敷地と接します。大事なのは道路に接している道路境界線の長さです。道路境界線の長さが2m以上であれば何も問題ありませんが、2m以下の場合は新築の建物を建てることができなくなるので気を付けましょう。敷地境界線は必ずしも整った形ではありません。短い線の組み合わせでつくられている場合もあります。そのような場合、折れ点には小さな○を打ちます。全体の形を決めている角には少しだけ大きな○を入れます。敷地境界線は二点鎖線で描きます。

表 3-10-1　配置図に記入する情報

記載必要事項		備考
項目	内容	
敷地の形状	敷地境界石標、敷地境界および敷地周囲の辺長	
周辺道路、隣地の状況	道路の名称および幅員、歩・車道の区分、横断歩道、歩道橋、建物、工作物等の輪郭および高さ、排水設備の経路等	
計画道路	名称、位置および幅員	
壁面線		
方位		真北を示す
地盤高	ベンチマーク、基準地盤面、現状地盤高、設計地盤高、道路面および隣地との高さ関係	
建物・工作物等の位置および名称	接地階の輪郭、建物の必要な基準線と敷地境界線または敷地内の他の建物等との関係、敷地内の他の建物の名称、構造、規模等 建物の主要出入口の位置、外部階段、外部スロープ等 縁石および舗装の種別、舗装の表示、誘導用床材・注意喚起用床材、門、囲障、植栽、芝張り、擁壁、排水設備の種類、経路等	
各種付属物	間仕切、稼働間仕切、アコーディオンドア、造りつけ家具、書架、流し台、表示標識、避難器具、タラップ、誘導用床材、注意喚起用床材、床点検口、手すり、衛生器具、トイレブース、消火器ボックス、消火栓、分電盤、換気口、断熱材、竪桶、ルーフドレイン、屋根排水勾配方向、EXP.J、釜場、取付金物（丸環）、設備基礎、補強を伴う床開口の位置、寸法等	工事対象外のものは点線等で明示する
工事範囲		
増築予定		
法規上の規制	炎症の恐れのある部分および壁面制限線	
凡例	表示記号、略号等	

図 3-10-1　配置図表現例

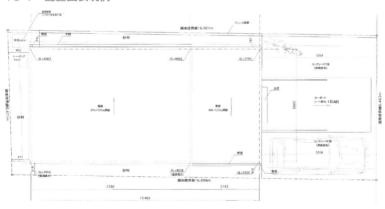

●通り芯

　建物の構造体の中心線を基準に通り芯を描きます。**通り芯**は建物の壁や柱の中心線を通る基準線のことです。建築物では通り芯を基準にして寸法を決めます。

　最も外部側には外部仕上げ材を設けます。この外部仕上げ材は自然環境から住環境を守るためのものであり、防犯などの役割もあります。そしてしっかりと固定しなければならないので下地が重要になります。さらにその下地を支える間柱などが重要な役割を果たします。

　建築図面において、寸法基準を“通り芯”と呼ばれる構造体の中心線とする理由を説明します。建築図面の壁の表現においては外部仕上げ材の厚さから始まり下地材の厚さ、間柱の寸法および構造体の寸法があり、通り芯まで正確に表現します。内側では内装材の下地の厚さや内装仕上げ材の厚さを正確に表現します。そしてこのすべてをあわせて、1つの壁ができあがります。これらの情報は図面では描けますが、実際の施工では素材それぞれを重ねると少しずつ誤差が重なり、外部の寸法だけで測るとばらつきが出やすくなります。そのため寸法の基準に通り芯を用いることが必要なのです。

　民法では敷地境界線から建築物の距離を50cm以上離すように定められています。この寸法を守るように余裕をもった位置に通り芯を設定します。

●壁

　壁は通り芯を中心に設定して描きます。壁の表現方法はスケールにより変わります。S = 1/100 の図面上では 20 cm の壁が 2 mm で表現されます。このスケールでは壁の外形線だけを描く程度の表現が適しています。内部を描き込むと印刷の際に真っ黒になり見にくくなります。

　S = 1/50 〜 1/30 の図面の場合は壁の中の下地材や構造材、間柱なども表現できます。建物全体の雰囲気を把握したい場合は、壁の線を簡略化した表現が適しています。仕上げ材や性能について検討したい場合は、詳細部分が描かれた図面が適しています。

図 3-10-2　通り芯の位置および寸法の入れ方、壁表現

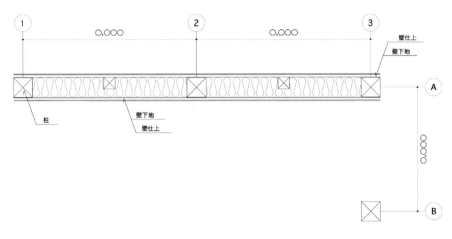

図 3-10-3　壁と開口部の表現　S=1/100 程度

(a) 壁および開口部　　　(b) 壁および引き違い扉　　　(c) 壁および開き扉

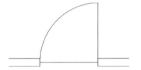

図 3-10-4　壁と開口部の表現　S=1/50 程度

(a) 壁および開口部　　　　　　　　　　　(c) 壁および開き扉

(b) 壁および引き違い扉

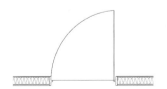

111

●開口部

　窓や扉は建築物の壁に設けられた「穴」に設置されます。この穴を**開口部**〔かいこうぶ〕と呼びます。空気を取り入れるための10 cm程度の小さな開口部から、壁全面に大きく開けられた開口部まで、いろいろな種類があります。開口部には窓や扉などの**建具**〔たてぐ〕と呼ばれる部品を入れて空間を区切ります。

　建具を設けるだけでは開閉などの動作をすることはできません。そのような機能役割を果たすために建具と壁の間に**枠**〔わく〕と呼ばれる部品を入れて建具を固定します。枠の役割としては壁に使われる素材と開口部に使われる素材をつなぐ役割もあります。CADの中には枠と建具が一体となったデータの部品があるので、必要な場所に大きさを決めて設置するだけで簡単に開口部を設けることができます。

●玄関

　玄関は外部から入る部分に設けます。日本は住宅内部で靴を脱いで上足で過ごすので、主に靴を脱ぐための空間として使われます。シンプルなのは5～10 cmの段差に**上り框**〔あがりがまち〕を設けたものです。玄関周りには屋外で使うものを置くことが多いので、シューズインクローゼット（下足で入る収納）を設けることが増えています。玄関に物を置かず、シンプルにしたい場合にはおすすめの方法です。

●居間

　家に住む人が長く過ごす場所を**居間**（リビング）と呼びます。食事をする場所を**食堂**（ダイニング）と呼び、この2つを一体にした住宅も多くあります。過ごす時間を豊かなものにするために外部の光を取り入れ、風が通るようにする、周辺の緑や風景を楽しめるなどの特徴をもたせることで長く過ごす時間を楽しめるように工夫をします。

　住宅内部の空間を楽しむ工夫も考えられます。映像や音楽を楽しむことで充実した時間が過ごすことができます。食事やお酒を楽しむ場合は「食堂＝ダイニング」の空間に力を入れる方法もあります。

図 3-10-5　玄関周りの表現例

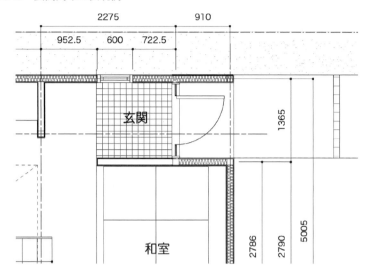

図 3-10-6　居間の表現例

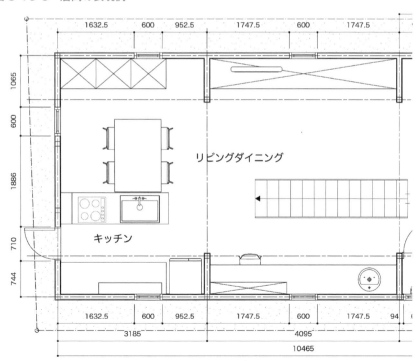

●台所（キッチン）

　台所はさまざまな物品を収納する場所になります。また、作業を複数人数で行う場合もあります。どのような料理をつくるのか、家族が何人かなどさまざまな要素が影響するスペースでもあります。料理をつくるために必要なスペースを想定した場合、火を扱うコンロ部分、洗浄を担当するシンク部分、料理の盛り付けや準備する部分を合計すると、キッチン部分の長さは約2100 mm となります。

　基準の寸法をもとに進めることで全体の広さをどの程度にするか決めることができます。キッチン部分の反対側に冷蔵庫や食器や食材のストックスペースを設けると、全体としては3.5畳（5〜6 m^2）程度になると思います。CAD ではキッチンのユニットがデータ化されています。このデータを配置すれば台所空間を設けることができます。

●洗面所・トイレ・お風呂

　洗面・トイレ・お風呂の3つはまとめて1つの空間に設けられている**ユニットバス**と呼ぶシステム化されたものがあります。これを用いる場合はメーカーごとに CAD データがあるので、配管位置にあわせて平面図に入れることででき上がります。賃貸住宅やホテルは空間効率を重視するのでこの形を採用することが多いのですが、住宅においては多人数が一緒に暮らすので違う形が必要になります。同時使用を考慮して、それぞれ独立空間とする必要があります。

　また、住まう家族の生活にあわせてさまざまなつくり方ができる場所になります。トイレは最小限のスペースにすることもできますし、本を読むスペースにすることも可能です。洗面所は手洗い、歯磨きから始まり、お化粧スペースまでいろいろな役割をもちます。

　100 m^2 を超える住宅では、トイレや洗面スペースは2か所設けることをおすすめします。大きさも考慮が必要です。日本人はお風呂が好きなので、お風呂周りのデザインを工夫することができます。ユニットバスのメーカーが独立した CAD データをフリーで提供しているので、対応性を確認して用いると便利です。空間の広さとしては合計で6〜8畳（10〜15 m^2）程度の

広さを確保するといろいろなことができます。

図3-10-7 台所＝キッチンの表現例

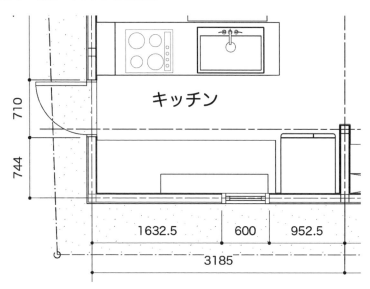

図3-10-8 洗面所・トイレ・お風呂の表現例

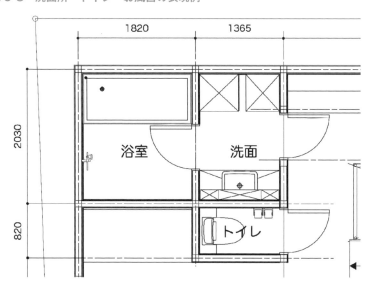

●階段

　住宅の理想の姿は平屋（1階建て）ですが、希望する住宅の内容と敷地の広さが合わないと建築できません。そこで必要になるのが**階段**です。階段は重層化した空間を結ぶ役割を果たします。すべてを重ねる多層型や半層ずつずらして重ねるスキップフロアなどのタイプがあります。階段部分は、構造体を考慮しながら高さを解消するために必要な段数と長さを確保します。両側に手すりを設置することが理想ですが、難しい場合は片側に設置します。

　住宅の場合は狭いスペースに設置しなければならない場合も多いので段数を少なくしたり、段の奥行（踏面寸法）を小さくしたりして対応します。階段部分の平面図では各フロアから 1.5 m の高さで切断して見下ろした姿を描きます。全体の姿は階段詳細図で表現するとわかりやすくなります。

●個室

　個室は用途に応じて機能と広さを決めます。勉強や作業をする場合は、机と椅子を置くスペースを確保します。机の左側に窓を確保できると自然光で作業する手元を明るくすることができます。個室に置く家具は図面上に記入し大きさを記入して確認します。

　必要な物品を配置してどれだけの広さになるかを把握しないと使いにくい部屋になります。また、照明やコンセントの位置などの設備を決める際にも重要です。原則として個室には必ず収納を設けます。用途に応じて使い方が変わりますが、部屋の機能を確保するためには不要物を収納するスペースを設けることが必要です。個室を寝室と兼用する場合は、ベッド方式にするか布団方式にするかで空間の使い方が変わります。

●寝室＋収納

　寝室でゆっくりくつろいで休むことができると生活にメリハリがついて充実します。また、寝室では着替えを行うことが多いので、近くに服の収納が必要になります。着替えの後に、お化粧を行う場合も多いので、洗面所＋トイレを寝室近くに配置すると便利です。寝室の広さはベッドの大きさと就寝する人数に応じて決めます。2人が使う場合はベッド2台分とベッド間に

図 3-10-9　階段の表現例

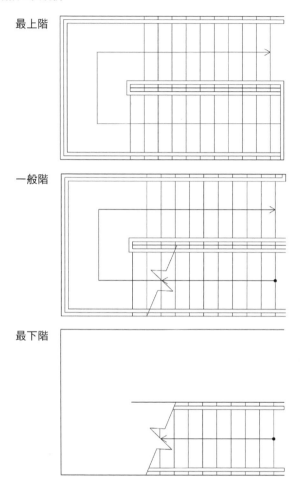

最上階

一般階

最下階

人が入れる 600 mm のスペース、ベッドサイドには着替えなどを行える 900 mm のスペースが確保できると理想です。

　収納（クローゼット）はウォークインタイプにすると便利です。寝ている人と着替える人が別の空間にいる方が使いやすいからです。寝室の照明は寝るときにまぶしくないものにすることをおすすめします。直接光源が見えるタイプは避けるようにしましょう。空調は寝たときに風の流れ(＝ドラフト)を感じない形にします。

図 3-10-10　個室の表現例

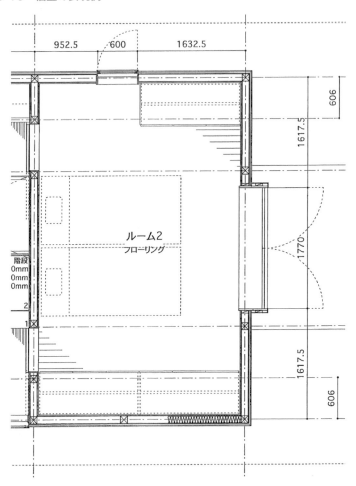

●廊下

　部屋や空間は廊下で接続します。廊下には手すりや扉を設置します。扉の開閉の際に人の動線を遮らないか、スイッチの位置や家具などと干渉しないかなどを考慮して開く向きを決めます。また、音の出る部屋やにぎやかな部屋と、静かにしたい部屋や空間との間に、廊下を設けて平面構成を行うと生活しやすい平面構成とすることができます。ワンルーム的な空間を家具などの配置を工夫して動線を調整することで廊下的な空間をつくることもあります。

3 -11 断面図の描き方

　断面図は通常、90°で交差する2方向の断面を描きます。通常、構造体の構成はX軸方向とY軸方向の2方向を基準に組まれています。2方向の代表的な切断面を組み合わせることで、屋根や内部空間などの立体的な構成を把握することができます。形が複雑で2方向の断面で把握できないときには追加して断面図を必要数作成します。3次元CADで立体データを作成すると、最も正確な断面図を作成することができます。

● X方向断面図（東西断面図）

　断面図では、切断面から見える部分の室内高さと各階の高さ、基準の高さ、軒の高さなどを記入します。また、前面道路や隣地などを表現して、隣地斜線や道路斜線を描き込み、建築基準法の制限を順守していることがわかるように表現します。

● Y方向断面図（南北断面図）

　X方向と90°違う面の切断面を描きます。描き込む情報はX方向断面図と同様です。切断面の正面に見える部分を正確に描くことが重要です。北側に隣地がある場合は、隣地境界線と北側斜線の制限線の記入が必要です。このような制限線は法的制限を示しており、全体の形を制限すると同時に確認申請などで必ず必要になる重要な情報です。

図 3-11-1　X 方向断面図（東西断面図）

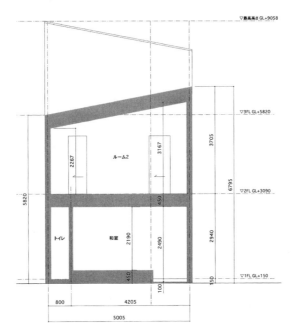

図 3-11-2　Y 方向断面図（南北断面図）

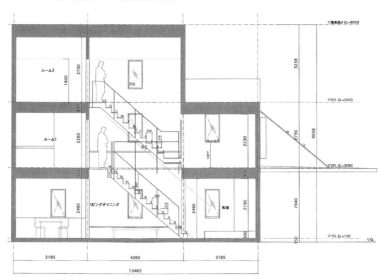

3-12 立面図の描き方

●立面図に必要な内容

立面図では建物の外観に関する情報をすべて描きます。同時に敷地内の外

表 3-12-1　立面図に必要な内容

記載必要事項		備考
項目	内容	
地盤面		
外観・形状	各面とする	
外部仕上げ	仕上材位置および範囲	仕上表等でわからない場合に記入する。
壁目地	伸縮目地、化粧目地、打継ぎ目地等	
工事範囲		
増築予定		
各種付属物等	手すり、タラップ、屋外階段、屋外スロープ、案内板、竪どい、旗竿、旗竿受け金物、窓拭き用フック、EXP.J、避雷針、ベントキャップ、高置水槽、クーリングタワー、アンテナ等	
法規上の規制	斜線制限線、高さ制限線、壁面線、延焼の恐れのある部分、外部雷保護システムの保護範囲、非常用進入口、防火戸およびガラスの種別	
凡例	表示記号、略号等	

図 3-12-1　立面図の表現例

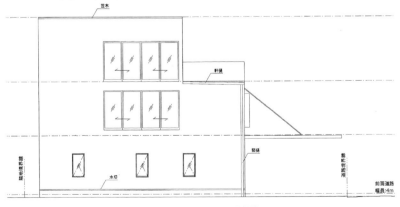

西立面図

部空間や隣地境界との関係を記入する場合もあります。3D CAD で作成された立体データをそれぞれの側面から図面化すれば立面図になりますが、さらに建物として必要な記載必要事項を書き込むことが必要です。

❗ 建築 CAD とゲームの世界

　建築 CAD は建物をつくるプロセスと同様に 1 つ 1 つの部品を記入して建物を描くためデータが重くなります。これに対して、見た目がリアルなことを主眼に作成されるのがゲームの世界です。ゲームでは、プレイが最大の目的で背景の建物はストーリーをつくり上げるための舞台です。ゲームをスムーズに進めるために建築のデータは軽さが重要です。最新のゲームではとてもリアルな建築を軽いデータで作成して使用しています。建築 CAD にこの技術を応用する動きが進んでいます。

　これには 2 つ大きな理由があります。第一はデータを軽くする技術を用いてプレゼンテーションに利用するためです。建築 CAD はデータが重く、プレゼン用の動画作成に時間と手間がかかります。データの処理には高性能な PC も必要になります。短時間で作成が可能になるとプレゼンで効果を発揮します。

　第二は VR(Virtual Reality)です。建築でも VR は利用価値の高い技術です。3DCG や BIM で制作した建築空間を体験すると、設計の内容や建物の理解が進みます。しかし、3DCG や BIM の作成は手間と時間が必要です。また、完成度が高いほどデータが重くなります。VR 体験には VR ゴーグルやスマホを用いますが、重いデータが得意な機材が少ないのが悩みです。VR を用いたゲーム内では建築物は違和感がない程度にデータを軽くして作成されています。

　ゲームにおけるこれらの技術を応用すれば、建築の世界においても機材に関係なく VR を体験できるようになります。これからはゲームの世界と建築の世界は、とても近くなっていきます。YouTube などの動画サイトには、CAD メーカーや建築家が作成した最新動画もアップされています。Autodesk Official Show Reel では建築、映画、ゲーム、プロダクトデザインなどの最新作品がダイジェスト版でまとめられています。

第 4 章

電気・電子・制御用 CADの基本

　住宅やオフィスの電気設備の配線設計、スマートフォンや
電化製品に使われている集積回路のレイアウト設計、工場や
農場で稼働している機械の制御設計など、私達の身の回りで
はさまざまなところに電気・電子・制御用 CAD が使われて
います。本章では、代表的な電気・電子・制御用 CAD の種
類と概要について理解しましょう。

4 -1 電気・電子・制御用 CAD とは

●電気用 CAD とは

　電気用 CAD とは、主に電気設備の設計において回路図や図面を効率よく設計・作成するための機能を備えた CAD のことです。例えば、電気回路素子や配線、制御盤や配電盤などの専用パーツを選択し簡単に配置することができます。電気用 CAD を用いることで、電気設計の工数を大幅に減らすことができます。

●電子用 CAD とは

　電子用 CAD とは、主にプリント基板や集積回路の設計において回路図や図面を効率よく設計・作成するための機能を備えた CAD のことです。私達の生活に欠かせないコンピュータやスマートフォンをはじめとする電子機器、さまざまな電化製品や自動車に用いる電子回路や半導体素子の設計は電子用 CAD を用いて行います。

●制御用 CAD とは

　制御用 CAD とは、主に電気制御設計において回路図や図面を効率よく設計・作成するための機能を備えた CAD のことです。工場における生産工程の自動化を図る FA（Factory Automation）を実現するために必要不可欠なリレーや PLC（Programmable Logic Controller）の制御設計は制御用 CAD を用いて行います。

●本書で紹介する CAD ソフト

　本書で紹介する電気・電子・制御用 CAD の位置付けと代表的な CAD ソフトを図 4-1-1 に示します。本書では、電気用 CAD として Jw_cad（電気設備 CAD）、電子用 CAD として LTspice（電子回路 CAD）・CADLUS X（プリント基板 CAD）・Virtuoso（集積回路 CAD）、制御用 CAD として GX

Works（制御設計 CAD）を紹介します。

図 4-1-1　本書で紹介する CAD ソフト

電気用 CAD

・Jw_cad（電気設備）

電気工事士

電子用 CAD

・LTspice（電子回路）
・CADLUS X（プリント基板）
・Virtuoso（集積回路）

回路設計技術者

制御用 CAD

・GX Works（電気制御）

制御設計技術者

電気・電子・制御設計の基本

●電気・電子・制御製図に関する規格

　電気機器に関する製図は、日本産業規格（JIS：Japanese Industrial Standards）における機械製図（JIS B 0001）およびこれに関連した規格によって規定されています。電子機器および工業施設などの配線や接続などに関する製図は、電気用図記号（JIS C 0617）などによって規定されています。

　また、配電盤・制御盤などの製図は、日本電機工業会規格（JEM Standards：Standards of the Japan Electrical Manufacturers' Association）における配電盤・制御盤の図面の種類（JEM 1268）などによって規定されています。

　まずはこれらの規格をよく読んで製図について学びましょう。

●電気・電子・制御設計に必要な知識

　CAD ソフトを使いこなすためには、製図に関する知識だけでなく、設計に関する知識も必要となります。

　図 4-2-1 に電気・電子設計に必要な知識を示します。電気・電子設計のためには、電気回路・電子回路や電磁気などに関する知識が必要です。抵抗やコンデンサによる直流回路・交流回路の計算法、トランジスタやダイオードの静特性や動作原理、コイルやインバータの動作原理など、幅広い知識が必要となります。

　図 4-2-2 に制御設計のために必要な知識を示します。制御設計のためには、電気回路の知識はもちろん、リレーやシーケンス回路の動作原理、アセンブリ言語や簡単なプログラミングの知識などが必要となります。

図 4-2-1　電気・電子設計に必要な知識

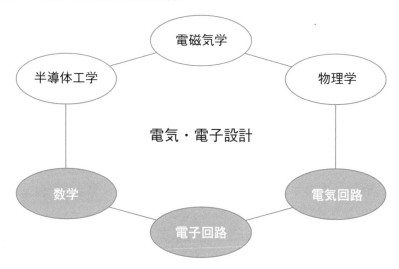

図 4-2-2　制御設計に必要な知識

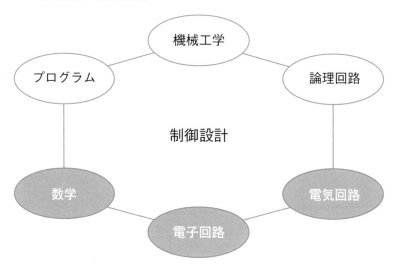

4-3 電気・電子・制御用図記号

●電気・電子用 CAD で使用する図記号

　前述した通り、電気・電子・制御設計に用いる電気用図記号は JIS C 0617 という規格で規定されています。

　図 4-3-1 に電気用図記号の一例を示します。電気用 CAD では、配線形状、エアコンや換気扇などの機器、白熱灯や蛍光灯などの照明、コンセントやインターホン、各種警報機や避雷設備、TV アンテナや無線通信設備など、さまざまな電気用図記号を使用して図面を設計します。

　電子用 CAD では、抵抗、コンデンサ、電圧源などの電気回路図記号のほか、トランジスタ、ダイオード、オペアンプなどの電子回路図記号を使用して図面を設計します。

●制御用 CAD で使用する図記号

　制御用 CAD では、電気制御のしくみを**シーケンス図**という回路図で表します。シーケンス図では、押ボタン（BS）、電磁リレー（R）、配線用遮断器（MCCB）、ランプ（L）などの電気図記号を使用して図面を設計します。また、設計した回路を実際にプログラミングする場合には**ラダー図**という記述方式を用いることが多いです。図 4-3-2 にシーケンス図とラダー図の例を示します。この 2 つの図は同じ回路を表しています。

図 4-3-1　電気用図記号の例

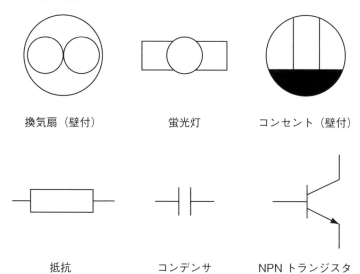

換気扇（壁付）　　　　　蛍光灯　　　　　コンセント（壁付）

抵抗　　　　　　コンデンサ　　　　NPN トランジスタ

図 4-3-2　シーケンス図とラダー図

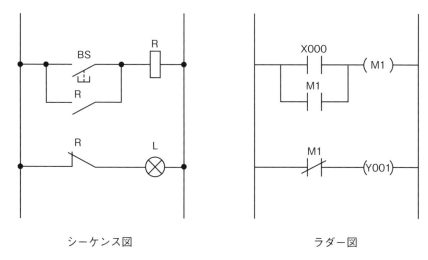

シーケンス図　　　　　　　　　　　ラダー図

電気用 CAD の特徴

●電気用 CAD の種類

　電気用 CAD の代表例として**電気設備 CAD** があります。電気設備の例を図 4-4-1 に示します。**電気設備**とは、家庭や工場や商業施設の中のさまざまな場所に電気を送り届けるための設備や、建物の照明器具や防災設備などを指します。電気設備 CAD は、これらの電気設備の設計や図面作成をサポートするための CAD です。

●電気用 CAD を使用する職業

　電気用 CAD を使用するのは電気工事士など電気設備設計に関わる職業です。電気設備は私達の身の回りにあるさまざまな建物や施設において必要不可欠です。設計事務所などが作成した建物や施設の図面を基に、照明器具やコンセントなどの電気設備に関する配置・配線などを設計します。

●電気用 CAD に関連する資格

　電気用 CAD の資格検定として、電気 CAD 資格認定事務局「通称：JECOA（ジェコア）」や日本インストラクター協会が主催する民間資格試験があります。

　また、電気設備の設計のみでなく電気工事まで実施するためには、国家資格である**電気工事士**が必要です。電気工事士は、一般住宅や店舗などの 600 ボルト以下で受電する設備の工事に従事できる**第二種電気工事士**と、最大電力 500 キロワット未満の高電圧を扱う工場やビルなどの工事に従事できる**第一種電気工事士**とがあります。電気工事に関する法律は**電気工事法**で定められており、電気工事士の免状を受けていない素人（無資格者）が電気工事を行った場合、罰則の対象となることがあります。

図 4-4-1　身近な電気設備

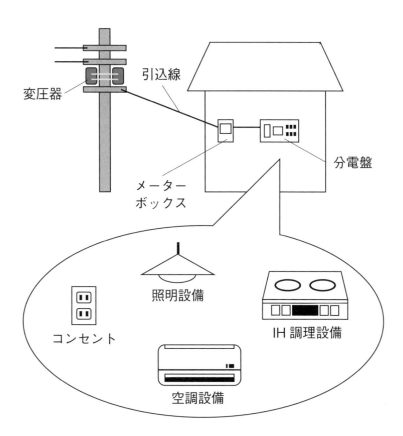

電気設備 CAD の基本

●電気設備設計

　住宅や工場などの建物の照明のスイッチ、コンセント、空調などさまざまな電気設備の設計をすることを**電気設備設計**といいます。電気設備設計のためには、安全性・法規・コストなどをきちんと理解し考慮する必要があります。

●代表的な電気設備 CAD ソフト

　電気設備設計においては、汎用 CAD ソフトの AutoCAD（オートデスク社）やフリーソフトである Jw_cad （jw_software_club）などの CAD ソフトが利用されます。AutoCAD は 2 次元・3 次元双方の図面作成が可能であり建築設計、土木設計、電気設備設計など幅広い業種を対象としていますが、個人で購入するには少々高額です。これから電気設備 CAD を触ってみたい人にはフリーソフトである Jw_cad がおすすめです。

● Jw_cad の特徴

　Jw_cad は 2 次元の汎用 CAD ソフトであり、フリーソフトであるためインターネット経由で無料で入手し利用することができます。本書の執筆時点では Version 8.10b が最新版であり、公式サイト上には初心者向けの使い方相談や利用者同士の情報交換のためのページが用意されています。図 4-5-1 に Jw_cad の利用画面を示します。線や図形を組み合わせて回路名番表や盤図、電灯コンセント設備図を作成することができます。

図 4-5-1　Jw_cad の利用画面

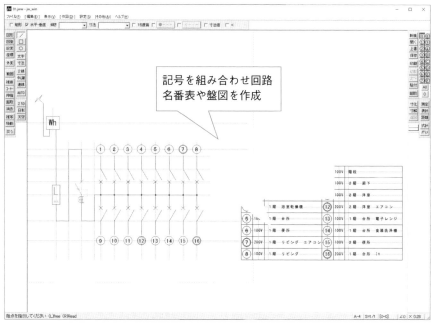

記号を組み合わせ回路
名番表や盤図を作成

図形テンプレートから
素子の図記号を選択

図面上にコンセント、電灯、
換気扇などの位置を作図

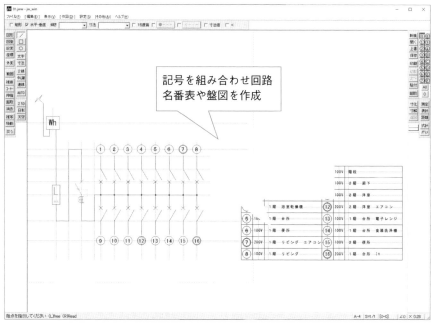

4・電気・電子・制御用 CAD の基本

133

電子用 CAD の特徴

●身の回りの電子機器

　仕事でメールを送ったり、書類をつくったり、インターネットで買い物をしたり、音楽を聴いたりと、私達の生活には今やコンピュータやスマートフォンが欠かせません。また、IoT（Internet of Things）や AI（Artificial Intelligence）という技術が登場し、身の回りの電化製品や自動車にも大量のマイコンや電子部品が組み込まれています。これらの電子機器に用いられる半導体素子や集積回路の設計に欠かせないのが電子用 CAD です。

●電子用 CAD の種類

　電子用 CAD には、電子回路 CAD、プリント基板用 CAD、集積回路用 CAD などがあります。その名の通り、電子回路設計、プリント基板設計、集積回路設計において回路図や図面を効率よく設計・作成するための機能を備えています。

電子回路 CAD

　図 4-6-1 のように、ひと昔前は、電気回路や電子回路の設計は紙の上に回路図を描いて行われていました。しかし、回路規模がどんどん複雑になった今日では、手書きで回路図を設計することは多くの手間と時間を要してしまいます。また、設計した回路がちゃんと動作するかどうかは、実際に回路を組み立てて試してみなければわかりません。

　電子回路 CAD を用いて回路図設計を行うと、回路図作成が楽になるだけでなく、回路図の間違いを簡単にチェックできたり、後述するプリント基板 CAD と連携することでプリント基板設計が容易になったりというメリットがあります。また、近年は回路シミュレータと一体型の電子回路 CAD も多数登場し、回路図設計だけでなく、そのまま回路シミュレーション※まで行うことができるようになりました。

図 4-6-1　手書きによる回路設計の様子

※回路シミュレーション：回路をテキスト形式でモデル化し、コンピュータを用いてその動作
　や特性を確認すること。

プリント基板用CAD

電化製品を分解した経験のある人は、図4-6-2に示す黒いムカデのようなチップや小さな部品が半田付けされた薄い板を見たことがあるかと思います。これが**プリント基板**です。その名の通り部品を半田付けする箇所や配線があらかじめプリント（印刷）されています。

プリント基板用CADでは、電子回路CADで設計した回路図や部品表をもとに部品を配置し配線します。また、作成する基板の外形や層数、配線幅やドリル径なども設定できます。配置・配線完了後にDRC（Design Rule Check）やMRC（Manufacturing Rule Check）などの機能を実行することで、設計したものが製造上のルールを満たしているかどうかをチェックすることができます。

集積回路設計用CAD

図4-6-3に示す黒いムカデのようなチップはIC（Integrated Circuit）やLSI（Large-Scale Integration）と呼ばれるものです。これらは**集積回路**といって、数ミリ程のチップの中にさまざまな回路や素子が微細につくり込まれ集積されています。

集積回路設計用CADでは、主にシリコンを使った半導体基板上に、超微細なトランジスタ、抵抗、コンデンサといった部品を配置し、金属配線で接続する作業を行います。

●電子用CADを使用する職業

電子用CADを使用するのはプリント基板設計や集積回路設計など回路設計に関わる職業です。

近年は無償利用可能な電子用CADも増え、設計データさえあれば誰でも簡単にインターネット経由でプリント基板の製造が可能な業者も増えてきました。また、通常は高額な集積回路の多品種少量生産を可能とする**ミニマルファブ**※と呼ぶ産業システムも登場し、個人が簡単にオリジナルICを設計・

※ミニマルファブ：大量生産を目的とした大規模な製造工場（メガファブ）ではなく、少量の集積回路を低コスト、短時間で製造することを目的とした半導体製造システムの構想。

試作できる時代が来るかもしれません。

図 4-6-2　プリント基板

表側（部品面）

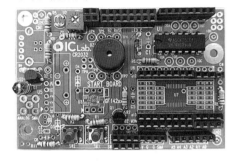

裏側（配線面）

図 4-6-3　集積回路

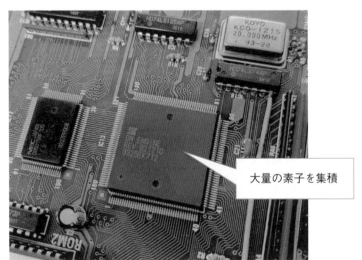

大量の素子を集積

4 -7 電子回路 CAD の基本

●電子回路設計

「センサから受け取った信号で LED を制御したい」「小さな信号をトランジスタを使って増幅したい」このような望みを叶えてくれるのが電子回路です。図 4-7-1 に**電子回路設計**の流れを示します。

まずは、信号を増幅する、低周波を遮断するなど、どのような機能を実現したいのかを決定します。次に、何倍に増幅するのか、何ヘルツ以下を遮断するのかなど、満たしたい仕様から回路構成や使用する素子の値などを計算します。回路が決まったら、電子回路 CAD を用いて回路図を作成します。

●回路図と部品表

電子回路設計では、回路図とあわせて重要なのが**部品表**（BOM：Bills of Materials）です。部品表には、設計した回路で必要な部品の型番、個数、素子値、メーカーの部品番号などの情報が記述されています。

後述するプリント基板を設計する場合には、回路図と部品表の 2 つが必要になりますが、電子回路 CAD を用いるとこれらのデータを効率よく作成することができます。ちなみに、設計した回路を製造するために必要な部品の総コストを BOM コストと呼び、部品表をもとに試算されます。実際の製造現場では BOM コストを下げることを意識しつつ設計することも必要です。

●ネットリストと回路シミュレーション

近年では、回路シミュレータと一体型の電子回路 CAD が登場し、設計した回路図の動作をコンピュータ上で計算できるようになりました。回路シミュレータでは、回路図情報をテキスト情報に変換した**ネットリスト**と呼ばれるファイルを用いてシミュレーションを行います。シミュレーションの際には、直流解析、交流解析、過渡解析といった回路解析の手法や細かい条件などを指定し動作を検証することができます。

●代表的な電子回路 CAD ソフト

　電子回路設計においては、OrCAD（ケイデンス・デザイン・システムズ社）やフリーの回路図エディタである BSch3V（個人製作）などの CAD ソフトが利用されます。OrCAD は有償の統合ソフトですが、回路規模を限定した OrCAD Lite という無償版もあります。また、回路シミュレータと一体型の電子回路 CAD である LTspice（アナログ・デバイセズ社）というフリーソフトも広く利用されています。

図 4-7-1　電子回路設計の流れ

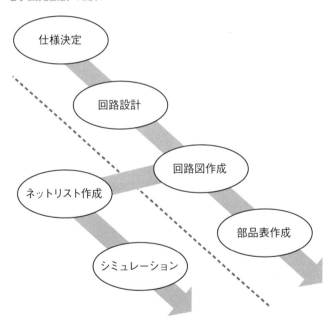

● LTspice の特徴

図 4-7-2 に LTspice の利用画面を示します。LTspice は、高性能な SPICE ソフトの一種であり、回路図記述、ネットリスト変換、シミュレーション、波形ビューワといった機能が無料で利用できます。SPICE とは Simulation Program with Integrated Circuit Emphasis の略称であり、カリフォルニア大学バークレー校で開発された電子回路シミュレータです。LTspice をはじめ現在利用されている SPICE ソフトはこのバークレー校のものをベースに開発されています。また、作成した回路図から部品表（BOM）を出力し、テキストエディタに保存することも可能です。

🗨️ LTspice は電子回路 CAD ？

電子回路 CAD とは**回路図エディタ**とも呼ばれ、回路図の作成と部品表（BOM）の出力ができるソフトのことを指します。

以前は設計した回路図をもとに手計算によって動作を求めていましたが、SPICE のような回路シミュレータが登場しコンピュータ上で動作を計算できるようになりました。当初、計算結果はテキストファイルとして出力されていましたが、波形ビューワが登場したことで結果をグラフィカルに表示することができるようになりました。

このように、(1) 回路図を作成する (2) シミュレーションにより回路動作を計算する (3) 計算結果をグラフとして表示する、という作業は本来別々のソフトを用いて行っていました。これを 1 つのソフトでワンストップで行えるようにしたものが LTspice です。本来の電子回路 CAD（回路図エディタ）という定義からは外れてしまうかもしれませんが、無料ながら便利な機能が詰め込まれているため、あえて紹介しました。

図 4-7-2　LTspice の利用画面

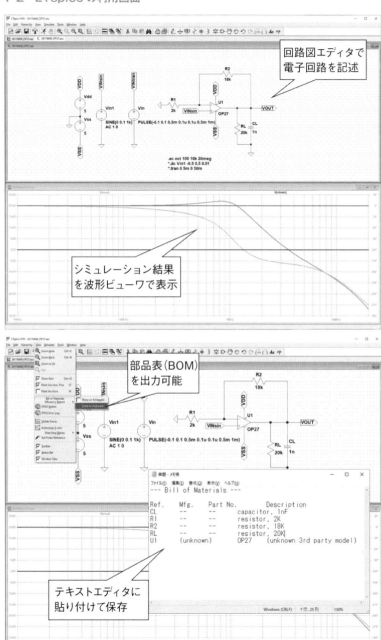

回路図エディタで
電子回路を記述

シミュレーション結果
を波形ビューワで表示

部品表（BOM）
を出力可能

テキストエディタに
貼り付けて保存

プリント基板 CAD の基本

●プリント基板設計

　前述した電子回路 CAD で設計した回路図と部品表をもとに**プリント基板**（PCB：Printed Circuit Board）を設計します。プリント基板設計では、電子部品を基板上のどの位置に配置し、どのような配線パターンで接続するかを設計します。このような作業を**アートワーク設計**と呼び、基板のサイズ、消費電力、発熱、ノイズ（雑音）など、さまざまな項目を考慮しつつ設計する必要があります。プリント基板 CAD では、回路図データや部品表から部品の自動配置や自動配線を行うなど、アートワーク設計を効率よく行うための機能が用意されています。

● DRC/MRC

　設計したプリント基板のアートワークが配線ルールなどの設計ルールに違反していないか検証することを DRC（Design Rule Check）と呼びます。DRC では、配線幅が規定の最小値・最大値の間に含まれているか、配線同士の間隔が最小値以上になっているかなどの項目を検証します。

　また、設計したプリント基板の素子間のクリアランス（間隔）などが製造に関わる Rule に違反していないか検証することを MRC（Manufacturing Rule Check）と呼びます。これらのチェックを満たしていなければプリント基板を製造することはできません。

●プリント基板ができるまで

　図 4-8-1 にプリント基板の簡単な製造工程を示します。まず、必要な層だけ基板を積層した後、ドリルを用いて取り付け穴やスルーホール（基板の層間を繋ぐ穴）などを加工する**穴開け**（NC：Numerical Control）**工程**を行います。次に、加工された基板をメッキ処理した後、ドライフィルム（感光剤）を圧着しアートワークフィルムを介して露光することでパターンを形成しま

す。その後、現像・エッチングにより不要な部分を除去し、レジストを塗布しシルク印刷を行います。最後に、必要なサイズと形に基板をカットし不良パターンがないかをチェックすればプリント基板の完成です。

図 4-8-1　プリント基板の製造工程

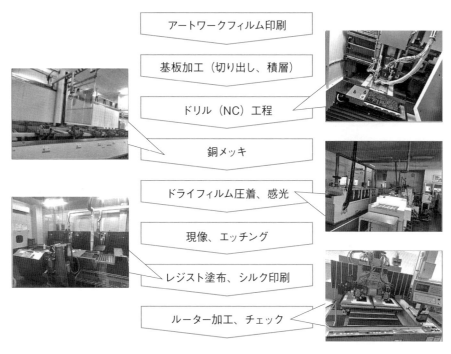

提供：大牟田電子工業株式会社

●代表的なプリント基板用 CAD ソフト

　プリント基板を設計するための CAD ソフトとして、EAGLE（オートデスク社）や CADLUS（ニソール社）などがあげられます。また、オープンソースの回路設計用ソフトウェアスイートである KiCAD に組み込まれている Pcbnew では、設計したプリント基板上に電子部品を実装したイメージを 3D ビューで確認することができます。

　これらのソフトは無料で入手し利用することができますので、これからプリント基板設計 CAD を触ってみたい人におすすめです。

● CADLUS X の特徴

　図 4-8-2 に CADLUS X の利用画面を示します。CADLUS X は無料で利用することができますが、片面〜 8 層までの多層基板設計に対応しており、回路図ネットリストの読み込みや DRC 機能も有しています。また、インターネット上でプリント基板の発注が可能な P 板.com と相性がよく、約 19,000 点の豊富な部品ライブラリが利用できるほか、同社の基板設計サービスとの連携も可能です。同社の Web 上には専用 FAQ ページやチュートリアル動画も公開されており、初心者でもプリント基板設計に取りかかりやすくなっています。

●ガーバーデータ

　プリント基板用 CAD で設計したアートワークの配線パターン、シンボルマーク、ドリルやルーター加工のデータなどをまとめたものをガーバーデータといいます。図 4-8-3 に片面基板の場合のガーバーデータのイメージを示します。プリント基板を製造する際は、このガーバーデータをやり取りします。

図 4-8-2　CADLUS X の利用画面

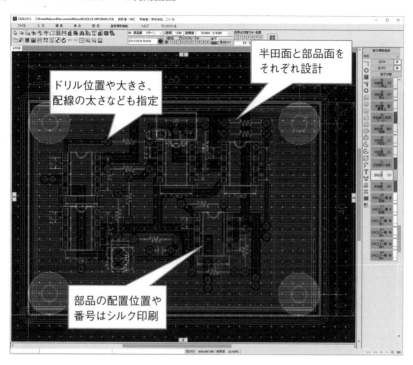

半田面と部品面を
それぞれ設計

ドリル位置や大きさ、
配線の太さなども指定

部品の配置位置や
番号はシルク印刷

図 4-8-3　プリント基板とガーバーデータ

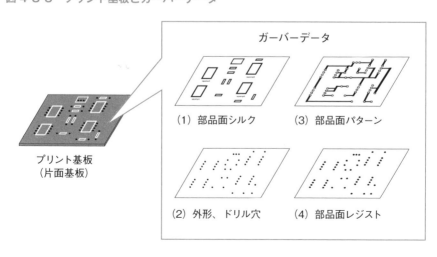

ガーバーデータ

（1）部品面シルク　　（3）部品面パターン

プリント基板
（片面基板）

（2）外形、ドリル穴　（4）部品面レジスト

集積回路 CAD の基本

●集積回路設計

　集積回路（IC：Integrated Circuit）とは、抵抗、コンデンサ、トランジスタなどの電子部品を 1 つの半導体チップ上に集積したものです。信号を増幅する演算増幅器（オペアンプ）のように構成が決まっている電子回路は、個別部品を使って組み立てるよりも IC としてまとめてつくり込んだ方がコストやサイズを抑えることができます。これらの設計を行うのが**集積回路CAD** です。

　集積回路設計では、プリント基板設計と同様に、回路素子を配置し金属などの配線で接続するレイアウト設計を行います。図 4-9-1 に示すように、私達が目にする IC チップの中には、実は数ミリ角の小さなチップ（ベアチップ）が入っています。このベアチップをパッケージに封入し、ワイヤーボンディングという手法でベアチップ内部の端子とパッケージ外側の端子とを接続したものが IC チップです。

●集積回路の製造工程

　集積回路のレイアウト設計を行うためには、集積回路の 3 次元構造と製造工程に関する知識があると便利です。現在の集積回路では、N 型、P 型の相補型の MOS（Metal-Oxide-Semiconductor）トランジスタを組み合わせた CMOS（Complementary MOS）集積回路が主流となっています。

　図 4-9-2 に CMOS トランジスタの断面構造を示します。CMOS 集積回路では、写真の現像などに使われている**フォトリソグラフィ**という技術を用いて、1 枚のシリコンウェハ上にトランジスタを形成していきます。

　半導体製品の製造や評価は**クリーンルーム**（**防塵室**）という特殊な施設の中で行われます。ゴミや埃が混入すると回路が正常に動作しなくなる恐れがあり、歩留まりが下がってしまうためです。

図 4-9-1　IC とベアチップ

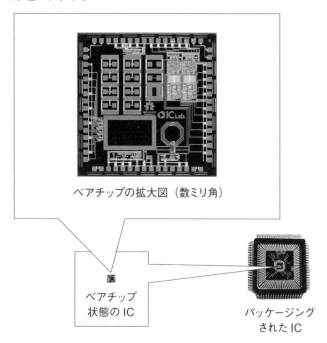

ベアチップの拡大図（数ミリ角）

ベアチップ
状態の IC

パッケージング
された IC

図 4-9-2　CMOS トランジスタの断面構造

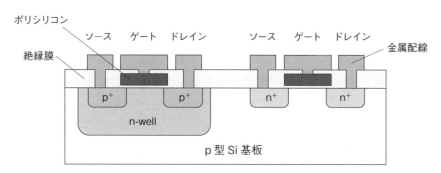

ポリシリコン

ソース　ゲート　ドレイン　　　ソース　ゲート　ドレイン

絶縁膜

金属配線

p^+　　p^+　　　　n^+　　　n^+

n-well

p 型 Si 基板

● PDK

設計データをもとに半導体デバイス（IC）を製造する企業や工場のことを**ファウンドリ**（fab）と呼びます。ファウンドリにおける半導体製品の製造工程のことを**製造プロセス（プロセスルール）**と呼び、このプロセスルールによって製造できる半導体製品の回路線幅や素子サイズが決まっています。回路線幅にあわせて「0.6 μm プロセス」や「45 nm プロセス」などと呼ばれ、ルールが微細なほど、1 チップあたりに組み込める回路規模が大きくなります。

レイアウト設計の際には、各ファウンドリから提供される PDK（Process Design Kit）と呼ばれるものを使用します。PDK にはトランジスタなどのモデルファイルや、後述する PCell や各種ルールなどがまとめられています。通常、PDK を利用するためにはファウンドリと NDA（秘密保持契約書）を交わす必要があります。

● PCell

集積回路のレイアウト設計では、トランジスタや配線などを形成する場所に、メタル、ポリシリコン、コンタクトなど必要なレイヤ（層）を重ねていきます。例えば、NMOS トランジスタをつくる際には、メタル、ポリシリコン、コンタクト、拡散領域といった具合に複数のレイヤが必要です。トランジスタを数百個、数千個と使用する回路のレイアウト設計を行う際には、この作業を 1 つ 1 つ行うのは非常に面倒です。

そこで、通常 PDK の中にはトランジスタ、抵抗、論理ゲートなどよく使う素子をあらかじめ用意した**スタンダードセル**というものが含まれています。特に、大きさや素子値などのパラメータを自由に変更可能なセルのことを PCell（**パラメトリックセル**）と呼びます。図 4-9-3 に示す NMOS の PCell では、トランジスタのゲートサイズを自由に変更可能です。レイアウト設計を効率よく行うためには、PCell をうまく活用することがポイントです。

● DRC/LVS

プリント基板設計と同様に、集積回路設計においても、DRC によって設計したレイアウトデータが製造ルールを満たしているかどうかをチェックします。レイアウト設計においては、同一レイヤ同士の間隔、異なるレイヤ同士のオーバーラップ、トランジスタや抵抗などのサイズなどをチェックします。

DRC を通すことでレイアウトした回路が製造ルールを満たしているかどうかを確認できますが、正常に動くかどうかは別の問題です。そこで、もととなる回路図とレイアウトデータが相違ないかをチェックするために LVS（Layout Versus Schematic）というチェックを行います。LVS を通すことは正常に動く回路をつくるための大切なステップです。

図 4-9-3　PCell

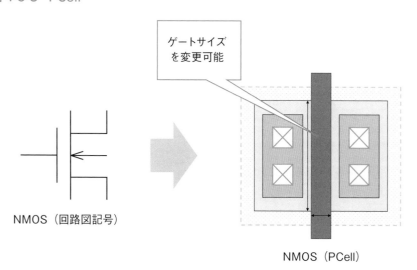

ゲートサイズ
を変更可能

NMOS（回路図記号）

NMOS（PCell）

●代表的な集積回路用 CAD

集積回路を設計するための代表的な CAD ソフトとして、Virtuoso（ケイ
デンス・デザイン・システムズ社）や、国産 CAD ソフトである SX-Meister
（JEDAT 社）などがあげられます。これらは企業などの設計現場で幅広
く利用されているのですが、機能が豊富な分非常に高額なソフトです。ま
た、無料で利用可能な集積回路設計用 CAD ソフトとして Glade（Peardrop
Design Systems 社）というものがあります。

●レイアウト設計の様子

図 4-9-4 に Virtuoso の利用画面を示します。左側のレイヤ選択画面にメタ
ル、ポリシリコン、コンタクトなど利用可能なレイヤ名と表示パターンが並
んでいて、ここから配置したいレイヤを選択しレイアウト設計を行います。
また、**インスタンス呼び出し**という機能を使って、前述した PCell を呼び出
し使用することができます。

基本的には、トランジスタや抵抗などの PCell を呼び出す→電源や配線の
パターンを引く→ DRC を行いエラー箇所がないかをチェックする、という
作業の繰り返しでレイアウトを行っていきます。作成したレイアウトデータ
は GDS II 形式と呼ばれるフォーマットに変換しやり取りすることができま
す。

●グリッド設定

レイアウトを始める前に注意しなければならないのがグリッドの設定で
す。グリッドとはレイヤの端や角を配置できる最小の座標間隔のことで、手
書きの製図では方眼紙のマス目に相当します。実はデザインルールの中でレ
イヤごとのグリッド値が決められており、指定されたグリッド以外でレイヤ
を配置してしまうとオフグリッドというエラーが発生してしまいます。レイ
アウト途中でも変更できますが、修正作業が大変なので必ずレイアウト開始
時に設定するようにしましょう。

図 4-9-4　Virtuoso の利用画面

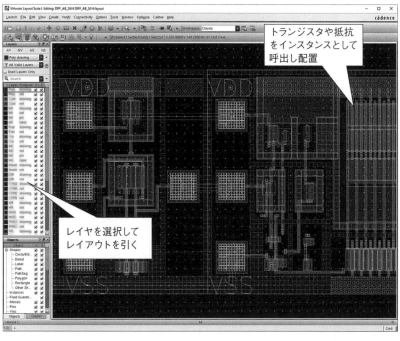

トランジスタや抵抗
をインスタンスとして
呼出し配置

レイヤを選択して
レイアウトを引く

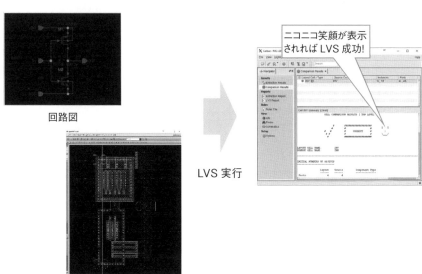

回路図

レイアウト

LVS 実行

ニコニコ笑顔が表示
されれば LVS 成功!

4・電気・電子・制御用 CAD の基本

151

制御用 CAD の特徴

●制御用 CAD の種類

　制御用 CAD の代表例として電気制御設計用 CAD があります。電気制御とは、工場や商業施設などの機械や設備を、電気信号によって目的通りに動作させることです。

　制御には、図 4-10-1 に示すように 2 種類の方式があります。あらかじめ定められた順序または手続きに従って制御の各段階を逐次進めていく制御手法を**シーケンス制御**、目標値とセンサからの信号を読み取った現在値を一致させるように機器を制御する手法を**フィードバック制御**と呼びます。

　制御用 CAD は、リレーやマイコンや PLC※などの素子を使ってこれらの制御を実現する回路やプログラムを設計するための CAD です。

●制御用 CAD を使用する職業

　制御用 CAD を使用するのは工場の自動化設備（FA）やエレベータなどの制御設計に関わる職業です。

　シーケンス制御やフィードバック制御を用いた技術は身の回りのあらゆるところで利用されています。自宅の中では炊飯器やエアコンなどの電化製品、街なかで見かける自動販売機や信号機などにも、シーケンス制御やフィードバック制御の技術が利用されています。

※PLC：機械や設備が実行する動作をあらかじめプログラミングすることで、自動的に制御するための装置。配線を組み替える必要がないため設置や保守も容易。

図 4-10-1　2 種類の制御方式

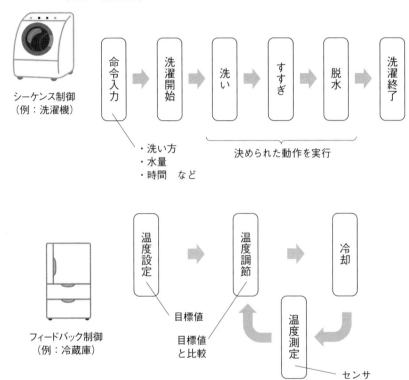

シーケンス制御
（例：洗濯機）

命令入力 → 洗濯開始 → 洗い → すすぎ → 脱水 → 洗濯終了

・洗い方
・水量
・時間　など

決められた動作を実行

フィードバック制御
（例：冷蔵庫）

温度設定 → 温度調節 → 冷却

目標値

目標値
と比較

温度測定

センサ

4-11 電気制御設計用 CAD の基本

●電気制御設計

全自動洗濯機の一連の動作、信号機の点灯タイミング、FA のための産業用ロボットなど、これらの機械や設備の動作を設計することを**電気制御設計**と呼びます。

●リレーと PLC

機械や設備の電気制御を実現するためには、**リレー**（**電磁継電器**）と呼ばれる素子を利用します。リレーは電磁石によって接点（スイッチ）を ON/OFF させることができる機器で、電気信号によって制御することができます。複数のリレーを組み合わせることで、接続を切り替えたり、センサの信号を受け取ったり、負荷を駆動したりというシーケンス制御を実現できます。

図 4-11-1 に示すように、工場のように設備の規模が大きな場面では、物理的に制約のあるリレーではなく、プログラミングによって編集可能な PLC で制御することが多いです。

●代表的な設計言語

PLC を用いた電気制御設計のための記述言語は、国際電気標準会議（IEC: International Electrotechnical Commission）が発行した PLC 用標準規格（IEC 61131-3）において 5 つの規格が定義されています。

ラダー・ダイアグラム（LD）

ラダー図と呼ばれ、シーケンス図に似た回路図形式で記述可能な言語です。左から右へ制御の流れを記述していきます。

ファンクション・ブロック・ダイアグラム（FBD）

さまざまな機能をもった機能ブロックを繋げて組み合わせることにより動作を記述する言語です。電子回路を設計するようなイメージでプログラムを記述できるので、直感的に理解しやすい特徴があります。

シーケンシャル・ファンクション・チャート（SFC）

ラダー図とは異なり、上から下へ制御の流れを記述していきます。条件分岐を記述しやすいため、順次動作する処理の記述に向いています。

インストラクション・リスト（IL）

アセンブリ言語のような形式で記述可能な言語です。

ストラクチャード・テキスト（ST）

BASICやC言語などの高級言語に似た形式で記述可能な言語です。ラダー図とST言語を組み合わせた「インラインST」という記述方法もあります。

図 4-11-1　リレーと PLC

出典：オムロンホームページより

●代表的な電気制御設計用 CAD ソフト

　電気制御設計には、GX Works（三菱電機社）や CX-Programmer（オムロン社）といった CAD ソフトが使用されています。これら産業用の電気制御設計用 CAD ソフトは個人で購入するには少々高価ですが、さまざまな企業や工場などで幅広く利用されています。

● GX Works の特徴

　図 4-11-2 に GX Works の利用画面を示します。GX Works は、国際規格 IEC 61131-3 に準拠しており、部品化・構造化プログラミングに対応しています。ツールバーから a 接点、b 接点、コイルなどの素子を選択して配置することで簡単にラダー図が作成できます。また、ラダー図以外にも IEC 準拠の主要プログラム言語である FBD 言語、SFC 言語、ST 言語を利用でき、1 つのプロジェクト内で複数のプログラム言語を同時に利用することも可能です。

●デバッグ

　作成したプログラムを実際に動作させて、間違いや不具合がないかを検証する作業をデバッグといいます。もちろん、デバッグの際はなるべく実機を用いて現場に近い環境を再現することが理想ですが、GX Works では実機がない場合でも PC 上で動作をシミュレーションすることができます。

　デバッグにより動作に問題ないことが確認できた後は、作成したプログラムをコンパイルし PLC へ書き込むためのコードに変換します。コンパイルが成功すると、図 4-11-3 に示すように PC と PLC をケーブルで接続することで実機へ書き込むことができます。

図 4-11-2　GX Works の利用画面

図 4-11-3　PLC に書き込む様子

⚠️ これから電気・電子・制御用 CAD を始められる方へ

　電気・電子の分野では、昔は回路設計者が手書きと手計算で回路を設計し、それを図面屋さんが清書をしていました。また、電気制御の分野でも、頭の中で動作を想像しながらラダー図を設計し、**プログラミングコンソール**と呼ばれるハンディタイプの機器を用いて制御対象に打ち込んでいました。

　現在は、これらの作業も CAD ソフトを用いることで一括して便利にできるようになりました。実は、筆者も CAD ソフトから入ったため、手書きで図面を引いた経験はほとんどありません。歴史を知り、昔を振り返ることも大切ですが、今は気楽にさまざまな CAD に触れることができる時代ですので、是非積極的にチャレンジしてみてください。

第 5 章

CADデータの管理

　CADで作成される電子データは、単なる図形の形状データのみではなく、図面の中に設計者の意図や多くの技術情報が含まれます。そしてこれらの情報を省スペースで効率よく管理することが可能です。CADを取り扱う者は、これらの設計情報を適切に管理・運用しなくてはならないのです。本章ではCADのデータ管理について理解しましょう。

図面管理とは

●図面管理の必要性

　図面は、単に製品の形状を示すものではなく、設計者の設計意図、製品などの技術情報、設計部門を始め製造部門や営業部門でも活用する機密性の高い技術情報です。CADでは、これらの情報を電子データとして取り扱っています。したがって、私達は、この電子データを図面として紙に印刷して活用することはもちろんのこと、そのまま持ち歩いたり、ネットワークを利用して送受信したり、加工機に引き渡して加工を行ったり、解析装置に引き渡して解析を行うなどさまざまに活用が可能です。

　電子データは、かつての紙ベースで書庫をいっぱいにしていた技術情報や図面のファイルに比べ、省スペースを実現しています。持ち歩きも容易で、インターネットで遠方へ一瞬のうちに移送することも、コンピュータで瞬時に目的にファイルを取り出すことも可能で大変便利なのですが、一方で機密情報が外部へ漏洩するリスクも大きくなります。また、電子ファイルを格納しているハードウェアに破損があると、技術情報を消失しかねません。CADを取り扱う者は、この技術情報を適切に管理・運用しなくてはならないのです。

●管理すべき項目

　管理すべき項目は、大きく分けると図5-1-1に示すように、図面情報、電子ファイル情報、セキュリティの3項目になります。多くのCADは図面情報や電子ファイル情報を一括して管理する機能を有しています。CADがシステムとして搭載されているコンピュータやその周辺機器、CADのソフトウェア、電子ファイルを送受信したり社内データベースにアクセしたりするためのネットワークも重要な管理項目です。

図 5-1-1　図面管理の必要性

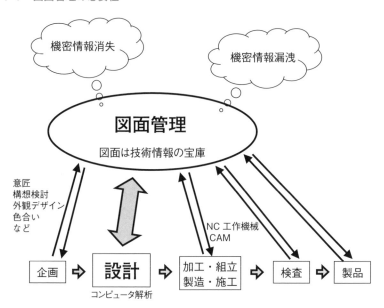

表 5-1-1　管理項目

管理項目	内　　容
図面情報	図面名 図面番号 作図者名、検図者名、承認者名 縮尺 投影法 作成日時 変更日時 修正履歴 用紙サイズ 図面中の文字情報 グループ情報 その他（製品情報など）
電子ファイル情報	ファイル名 保存・更新履歴 ファイル形式（バージョンなど）
セキュリティ	ハードウェア ソフトウェア ネットワーク

161

5 -2 データの保存

●データの形式

　CAD で主として用いられる図形データの入力や編集・保存の形式は、第 1 章で述べたようにベクトルデータです。

　ベクトルデータのデータ形式は、それぞれの CAD のソフトウェアで専用のデータ形式がありますが、どの CAD でも読み込むことが可能な統一規格のデータ形式もいくつか決められています。これを**中間ファイル**といいます。一方、図形データをドットの集まりで保有するラスタデータに関しても、いくつかのデータ形式が決められています。これらを、表 5-2-1 に示します。

● 3 次元 CAD のデータ形式

　3 次元 CAD によって作成されるモデルデータは、2 次元 CAD が保有する情報に加えて、立体図形や空間における位置関係といった 3 次元情報を保有しています。また、多くのアプリケーションを CAD ソフトの中に組み込み、それぞれ CAD で独自の利便性や作業性を追求しています。したがって、CAD ソフトごとに独自のデータ形式をもっているのです。

　しかし、異なる CAD の間でこうした情報を引き渡そうとすると、一般に専用のインタフェースを用いなければ読み込むことができません。立体図形のデータの基本となるデータ形式を**カーネル**といいます。カーネルには一般に市販されている市販カーネルと、それぞれの CAD ソフトが専用に開発した独自カーネルがあります。同じカーネルであれば異なる CAD の間でも正確な立体幾何形状の引き渡しが直接可能になります。多くの 3 次元 CAD は独自カーネルの他に市販カーネルでも出力できるようになっています。主な市販カーネルには表 5-2-2 に示す Parasolid、ACIS などがあります。

　また、IGES や STEP といった標準フォーマットでも基本的な立体幾何形状を引き渡すことができます。また、3 次元 CAD で作成されるモデルデータはいろいろな用途に応用可能で、例えば、スマートフォンといったマルチ

デバイスでも表示できるようにするなど、用途に合わせて STL や VRLM、XVL といったフォーマットが用意されています。したがって、モデルデータからデータ変換して保存したり、活用したりできます。

表 5-2-1　ベクトルデータとラスタデータの形式

<table>
<tr><td rowspan="6">ベクトルデータ</td><td rowspan="2">IGES</td><td>Initial Graphics Exchange Specification</td></tr>
<tr><td>CAD/CAM システム相互間におけるデータ交換のための、製品定義データの数値表現として作成され、1981 年に ANSI 規格となったもの。広く普及しており、世界標準といえるファイル形式で、3 次元形状も定義されている。これまでに、何回か仕様改定があり現在に至っている。</td></tr>
<tr><td rowspan="2">DXF</td><td>Drawing Exchange File</td></tr>
<tr><td>オートデスク社が，自社の CAD"AutoCAD" に対して、2 次元あるいは3 次元のデータを異なるバージョンにデータ交換する目的で定義したフォーマット。現在、日本の CAD ではほとんどのソフトウェアがこのファイル形式をサポートしている。</td></tr>
<tr><td rowspan="2">BMI</td><td>Batch Model Interface</td></tr>
<tr><td>キャダムシステム社が、自社の "Micro CADAM" のアプリケーションソフトウェア開発用に作成したファイル形式。</td></tr>
</table>

<table>
<tr><td rowspan="2">STEP</td><td>Standard for Exchange of Product Model Data</td></tr>
<tr><td>製品モデルとそのデータ交換に関する ISO（国際標準化機構）の国際規格（ISO 10303）の通称で、正式名は ISO 10303 Product Data Representation and Exchange。</td></tr>
<tr><td rowspan="2">SXF</td><td>SCADEC Data Exchange Format（※ SCADEC：CAD データ交換標準開発コンソーシアム）</td></tr>
<tr><td>オープン CAD フォーマット評議会（OCF）が推進する異なる CAD ソフト間でのデータ交換を実現するためのフォーマット。</td></tr>
</table>

<table>
<tr><td rowspan="8">ラスタデータ</td><td rowspan="2">BMP</td><td>Bit Map</td></tr>
<tr><td>Microsoft 社の Windows 環境における標準画像フォーマット。非圧縮形式であるためファイルの大きさが大きくなる。</td></tr>
<tr><td rowspan="2">GIF</td><td>Graphics Interchange Format（※デファクトスタンダード：業界標準.市場でよく使われるために標準となったもの）</td></tr>
<tr><td>デファクトスタンダードの規格で、256 色までの画像の圧縮および伸張が可能なファイル形式。</td></tr>
<tr><td rowspan="2">TIFF</td><td>Tagged Image File Format</td></tr>
<tr><td>デファクトスタンダードの規格で、OS（Operating System）に依存しない画像形式である。タグを利用することによって、色の数や解像度が異なる複数の画像を一緒に保存することができるが、ファイルの大きさは大きくなる。</td></tr>
<tr><td rowspan="2">JPEG</td><td>Joint Photographic Experts Group</td></tr>
<tr><td>ISO によって制定された国際標準規格である。カラー静止画像の符号化標準方式に従った圧縮形式の規格で，フルカラーの画像の圧縮／伸張が可能である。</td></tr>
</table>

●データ変換

　CADで作成したデータ（図面データ）を、他のCADで表示したり、CAEや加工機を動かしたりするときに、それぞれに適合するデータに変換する必要があります。このようなときにはデータ変換を行います。**データ変換**は、異なるCADソフト間やシステムとの間でデータを使用する場合と、同じソフトウェアで異なるバージョン間で使用する場合の2通りにおいて必要となります。

　同じソフトウェアに場合は、多くの場合上位バージョン（新しいバージョン）が下位バージョンのデータ形式をサポートします。ただし、データの欠落などがないか注意が必要です。

　異なるCADソフト間やシステム間でデータを使用する場合、データ構造が異なるため、通常はそのまま利用することができません。特に、3次元のモデルデータは完全なデータの引き渡しが難しいです。このような場合は、異なるCADソフト専用のデータ形式に直接変換する変換ツールとしてダイレクトインタフェースが用意されています。ダイレクトインタフェースは、正確にデータを変換することができる長所がありますが、変換先の形式が固定されるので、特定のCADソフト間でしか使えないという短所があります。一般的に異なるCAD間やシステム間でデータを使用する場合は、①標準フォーマットを用いたデータ変換、②市販カーネルを用いたデータ交換、③独自カーネル間のダイレクトインタフェースを用いたデータ変換のどれかで行います。

●データのバックアップ

　予期せぬ停電やハードディスクがクラッシュした場合などに備え、CADで作成したデータのバックアップを作成しておく必要があります。ソフトウェアの中には、定期的に作業中のデータを自動でバックアップする機能を備えているものもあります。また、データを一括してサーバーなどで一元管理している場合は、サーバーに自動で定期的にバックアップを作成するミラーリング機能を付加しておくことも効果的です。また、完成図面は、自ら手動でこまめにバックアップを作成しておくことも大切です。

表 5-2-2　3 次元 CAD のデータ形式

カーネル	主な市販カーネル	・Parasolid：アメリカの Unigraphics Solutions 社が開発。 ・ACIS：アメリカの Spatial Technology 社が開発。 ・DSIGN BASE：日本のリコー社が開発。
	独自カーネル	
標準フォーマット	IGES STEP	
その他	STL（Standard Triangulated Language）	
	3 次元 CAD データを RP（Rapid Prototyping）で使用するために広く用いられているデータフォーマットで、3 次元形状を小さな 3 角形の面で表現している。小さな面の集合で 3 次元形状を表現するポリゴンデータの 1 つである。	
	VRML（Virtual Reality Modeling Language）	
	3 次元データを Web ブラウザ上で表現する事を目的とするデータフォーマット。1997 年に ISO/IEC（国際標準化機構／国際電気標準会議）によって、ISO/IEC 14772 として認可された。Web 上で動きをつけた 3 次元画像を表示することもできる。	
	XVL（Extensible Virtual World Description Language）	
	3 次元データをインターネットのような比較的低速な通信回線を利用しても高速に伝送できるようにファイルサイズを小さくしたフォーマット。Web 上でアニメーションの表示ができたりリアルなイメージ画像を表示したりできる。	

5・CAD データの管理

165

複数人で同時に図面作成

●図面の標準化

CADで作成された電子データの図面情報は、効率よく管理・運用していく必要があります。そのためには、第1章で述べたように、ISOやJISの規格による標準化が重要です。規格と同様に、図面に関する自分だけのルール、もしくは同じグループ内のルール、あるいはもう少し拡大して会社内でのルールというように、ローカルな単位で取り決め事項があると、諸作業の効率化をさらに進めることができます。

例えば、社内で用いる図面の用紙サイズをA1、A3、A4の3種類に限定して決めておけば（用紙サイズの標準化）、図面ごとにプリンタなどの印刷装置に合う用紙サイズを設定する必要がなくなり、さらに、図面の整理も容易になります。さらに、品物によって図面サイズが特定できれば、図面を見る者が間違いにくくなります。これは、設計情報の正確かつ迅速な伝達に役立つことなのです。このようにローカルな標準化は効率よい管理と運用に大いに役立つのです。

●図面番号やファイル名の付け方

図面番号やファイル名は、それが何の図面か、あるいは組立図か部品図なのわかるように統一したルールを決めておくとよいでしょう。複数名で作業をしている場合は、図面番号だけで図面の内容を理解することができるようになります。例えば、表5-3-1に示すような図面番号の付け方で整理しておけば、図面番号だけで、製品名や作図者、作図年など多くの情報を把握することができます。

●ネットワークの活用

　集中処理システムや分散処理システムなどに CAD を導入すれば、ネットワークの機能を有効に活用して CAD 業務を進めることが可能になります。例えば、ホストコンピュータには使用頻度が少ない基本形状のファイルをおいて共有化を図り、ネットワークで接続されている複数台あるコンピュータの各々が CAD ソフトを有して作図作業を進める分散処理システムなどが考えられます。

表 5-3-1　標準化の項目

項　　目	内　　　　容
用紙サイズ	出力装置に合わせて決めておく。
図枠サイズ	出力装置の仕様を合わせて統一した図枠を決めておく。
表題欄（部品欄）	図枠サイズとともにテンプレート化しておく。
線種	線の太さや種類、色といった設定値を統一しておく。
寸法記入	フォントや付記事項、記号や寸法値の記載場所などを決めておく。
記号記入	同一の図面の中に，例えば，Ra，Rz，R_{ZJIS} といった記号を混在させない。
	よく使う記号類を部品として CAD に登録しておく。
レイヤ（画層）	図枠、図形、寸法線などごとにレイヤを決めておくと、他の技術者が作図した図面を引き継いだときにスムーズに編集に取りかかれる。
ファイル	文字や字数を十分考慮して決定する。無意味に長いファイル名は、管理上避ける。グローバル化に対応して、ファイル名に半角英数字、全角仮名漢字を使い分ける。
図面番号	図面番号設定の例 **RC010T120100as** バージョン情報 作図の年度下2桁 p ：部品図 sa ：部分組立図 as ：組立図 製品（シリーズ）の略号 例えば、 　RC ：冷凍機用圧縮機 　E ：エンジン 　など グループ識別番号 例えば、 　10：設計第1課 　11：設計第1課 　　　第1担当 　20：設計第2課 　… など 作図者のイニシャルなど 部品系統番号 例えば、 0100〜0199：ケース関係 0200〜0299：機構部関係部品 0300〜0399：軸受関係部品 … など

図面の検索機能

●図面の電子化と検索

　CADでは、図面を電子媒体に電子ファイルとして保存することができ、効率よく管理・運用が可能です。必要なファイルを検索するときは、コンピュータの検索機能を用いることにより、膨大な電子ファイルの中から目的のファイルを短時間で探し当てることが可能です。場合によってはデータベースを構築し、作成された電子ファイル以外にも基本的な作図データをデータベースにおいておき、CADを利用するユーザーが共用ファイルとして運用できるようにすれば、さらに効率的な業務遂行が可能となります。

　CADは、図面の表題欄に記載する情報をそのまま図面情報として登録することができるので、これを図面の検索に利用することができます。また、表題欄の情報だけでなく、例えば、図5-4-1に示すように、図面内の文字やCADデータの保存データ形式、更新履歴などあらゆる情報で検索することができます。

●図面の更新とその履歴

　CADでは、図面を修正したときに、修正箇所や修正日時、修正作業者名などの更新履歴を登録することができます。また、図面を修正すると自動的にこれらの情報をデータファイルと一緒に保存する機能を有しているものもあります。図面を複数人で共有しながら作業を進めている場合、いくつも同じ図面番号の図面が作成されるとどれが一番新しいものかわからなくなります。このような混乱を避けるために、「いつ」「どのような理由で」「誰が」「どこを」修正したのか明確にしておく必要があります。CADを用いれば、こうした図面の更新履歴も効率的に登録し、必要に応じて検索に利用することができます。

図 5-4-1　CAD における図面検索の例

出典：図脳 RAPIDPRO19、株式会社フォトロン、2017 年

5-5 情報の共有

●図面の共有

　第1章3節で述べたように、3次元CADで作成される3次元形状モデルは、それを中核において、いろいろな部署や作業者で情報共有し、同時並行して作業を進める**コンカレントエンジニアリング**が実践されています。編集によってデータが修正されれば、その修正内容も同時にすべての部署で共有されます。2次元CADにおける図面データにおいても、関連する作業者間で情報共有して業務の効率化に活用することができます。例えば、先に述べたように図面情報を標準化して登録しておけば、図面を必要とする者が図面の検索機能を用いて目的の図面を容易に探し出すことが可能となります。基本となる図面を中心にデータベースを構築しておけば、社内全体で有効に図面を活用することが可能となります。

　図面などの技術情報の電子データは社内共有の財産です。したがって、その電子データにアクセスしようとする者が理解しやすいように、必要な図面情報を登録して、データベース化しやすいようにするなど工夫をすることも大切です。

●情報共有のリスク

　共有化のために電子データを開放すれば、同時に不正アクセスによる被害を受ける可能性が生じます。電子データには企業秘密である設計情報が多く含まれており、容易に外部の者がこの電子データにアクセス可能になると、大きな損失を会社に及ぼしかねません。コンピュータウィルスの対策も必要でしょう。また、USBメモリなどによる持ち出しに関しても、しっかりと管理しておく必要があります。共有化を進めることは、相乗的に業務効率が向上しますが、その反面、機密漏洩やウィルス被害などの対策が必要です。

5 -6 CAD の管理

●ハードウェア管理

　CAD が導入されている職場では、さまざまな仕様のパソコンが導入されている場合が多く、また、それらは LAN（Local Area Network）で接続されていることでしょう。このような利用環境で、CAD を効率よく利用していくためには、ハードウェアに関する基礎的な知識は必要不可欠です。CAD の運用については、管理台帳などを作成し、各機器の主な仕様を整理してまとめておくようにします。システム障害発生時の原因究明やハードウェアの修理、リプレース時には、これらの情報が有用なものとなります。トラブル発生時に、早く復旧するためには、こうしたハードウェアの管理が大切なのです。

　CAD の処理速度や利便性は、図 5-6-1 に示すようなコンピュータの周辺機器によっても影響を受けます。また、ネットワークによっても影響を受けます。最近では、スマートフォンに代表されるマルチデバイスも含めて管理する必要があります。コンピュータやその周辺機器は日進月歩進化しているので、この流れに遅れないようハードウェアにも注意しておく必要があるでしょう。

●ソフトウェア管理

　CAD ソフトに限らず、アプリケーションソフトはその多くがソフトベンダーからライセンス（使用権）を購入する形態となっています。したがって、ソフトベンダーが自社製品ユーザーを特定するためのシリアル番号などの情報は、ユーザー自身が管理することになります。CAD を導入したら、ソフトウェアのユーザー登録を行い、ソフトウェアのシリアル番号は厳密に管理しておく必要があります。また、CAD ソフトは、ハードウェアの進歩とともに、年々その機能を拡張しています。したがって、ソフトウェアの機能拡張に合わせてバージョンアップ情報にも常に注意を払う必要があります。

● CADデータの管理

　CADで作成されたデータファイルの保管は、省スペースである一方で、利便性を上げるために必要なデータの検索や出力図面との対応、更新履歴の管理など、管理面における新たな工夫が必要となります。データファイルは、パソコンのハードディスクやLAN上あるいはクラウド上のファイルサーバーに保管するのが一般的です。これらには大変多くのデータファイルが収納されます。管理に際しては、フォルダを上手に利用して、作業グループや部署単位で管理するとよいでしょう。こうすることで、業務に必要なファイルを検索しやすくなり、業務の効率化が図ることができます。さらに、前述の通り一定のルールに従ってファイル名を付けると、ファイル名からデータ内容が推測できるため、ファイルを検索する場合に効果的です。図面の保管場所やファイルについての情報をデータベースとして管理する方法もあります。

図 5-6-1　コンピュータの基本構成と周辺機器

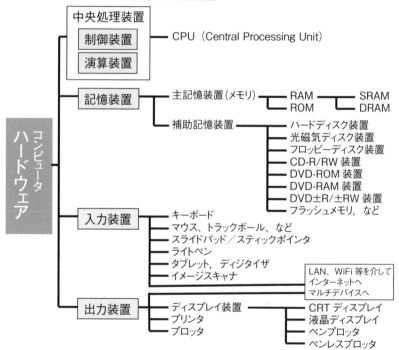

●障害管理

　同じハードウェア・ソフトウェアを使用していても、CADを運用していくにしたがってハードウェアやメディアの経年劣化、データ量の増加、新たなソフトウェアの追加、部品の消耗など、さまざまな原因で障害が発生します。これらの障害は予知したり事前に回避したりすることが難しいです。そこで、障害発生時に原因を究明して取り除き、早急にシステムを正常状態に復旧できるよう、日頃から対応策を準備しておくことが大切です。

　障害が発生した場合、発生状況を正確に把握するようにします。「何が」「どこで」「いつ」発生し、その「原因」は何かを調べたうえで、早急に対処します。対応が遅れると、その影響が他の関連する個所に波及してさらに重大な障害を引き起こす可能性があります。障害の初期は、障害の発生個所と障害内容から対応策を特定しやすい場合が多いです。　障害を未然に防ぐためには、記憶装置や入力装置、プリンタなどの出力装置の定期清掃、データバックアップの準備、定期的なシステムチェックなどを日頃からメンテナンスを心がけます。障害には、ネットワーク障害やコンピュータウィルスによる障害なども発生することがあります。ネットワーク障害が発生した場合は、ネットワーク管理者に速やかに報告して障害を取り除きます。

　障害個所を特定して復旧できた場合には、その状況と対処内容について、どのソフトウェアが、いつ頃どのような原因で障害が発生し、どのような処置を施して復旧させたかといった内容を文書として記録しておきます。これにより、再発防止や同様の障害復旧の参考とすることができるのです。

●ハードウェア障害

　今まで正常に動作していたシステムが、突然同一手順で操作してもまったく動作しない、あるいは一部が正常に動作しなくなるということが起こることがあります。このような場合は、まずハードウェアに障害が発生したと考

えてよいでしょう。ハードウェア障害は、部品の交換や関連機器の交換・修理で復旧することが多いです。また、瞬間停電（瞬電）、停電、落雷などによる電気障害や無線などのノイズ混入などもあります。これらを未然に防止するための機器も市販されているので、必要に応じて準備しておきます。

●ソフトウェア障害

　ハードウェア障害をチェックしても原因が判明しない場合には、ソフトウェア障害と考えます。特に、同一操作でも障害が起きたり起きなかったりする場合の多くは、ソフトウェアに原因があると考えてよいでしょう。まずは、障害原因がどこで起きているのか調査することから始めます。基本ソフトウェアに障害の原因があると推測される場合は、社内の情報処理部門の担当者、あるいは基本ソフト提供元へ連絡します。CADソフトに原因があると推測される場合は、ソフトウェアメーカーの手助けが必要となるでしょう。また、複数の応用ソフトウェアが同時に動作しているために障害が出ることもあります。さらには、CADソフトとネットワーク機器との設定に問題があることもあります。また、コンピュータウィルスに関しては、障害を未然に防ぐためにワクチンソフトを導入し定期的なウィルスチェックを行う必要があります。

図 5-7-1　CAD 運用に係わる障害

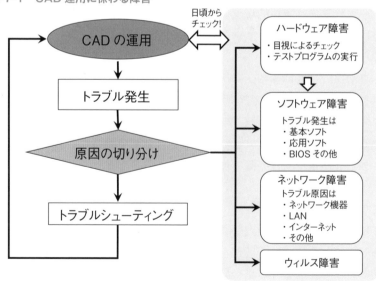

プロジェクトの管理と運用

●プロジェクト管理とは

CAD データ特に 3 次元 CAD データを用いて、ものづくりの企画から設計、製造、販売、回収（リサイクル）までの全工程、あるいはその中の一部の工程を管理することができます。

CAD データを共有化して、自分の部署の前工程や後工程でも活用できるようにすれば、CAD データを活用したプロジェクトの管理が可能になります。したがって、CAD データは、前後の工程でも利用しやすいような配慮が求められます。このことは、本章でもこれまでに述べてきました。図 5-8-1 に CAD による図面データを活用する各部署をものづくりのプロセスに従って示します。このようにものづくりのすべての工程で CAD データを活用するので、CAD データを用いてものづくりのプロジェクト全体を管理することが可能となるのです。特に、設計部門は、市場動向の情報、生産部門の情報、部材調達状況の情報、販売・営業部門からの情報などが集まるので、プロジェクトの推進に主導的な役割を負うことが多く、慎重かつ品質の高いデータ作成が求められるのです。

● PDM の運用

プロジェクト管理と同様に PDM（Product Data Management：製品情報管理）も製品の開発に重要です。PDM は CAD データだけではなく、製品開発に関連する指示書、明細書、デザインレビュー資料などの文書情報も含めて製品構成に沿って管理します。製品の開発には資材部門による部材の調達や製造部門による生産工程表や生産計画表などがあり、実際には生産工程を考慮して生産の計画を行い、計画に合わせて必要な部材を調達します。これらの管理に 3 次元 CAD のデータが活用されると、効率的に作業を進めることが可能となります。視覚的にも CG や動画を活用することができるので、作業ミスを減らす効果も期待できます。さらに、部署ごとの部品の

保有状況を把握することが可能で、どの部署で部品がいくつあり、どの部署でいくつ不足しているのかを把握することにより、欠品や余分な部品の在庫を保有しないように管理することができます。これは、部署を横断した部品管理や他の製品機種との部品の共通化を図る上で大変有効です。このために、表形式あるいはツリー形式に各部署の部品の要求、保有状況をまとめ活用することが行われています。この部品表を BOM（Bill of Materials）といいます。一般に BOM には、設計時に製品アセンブリや部品の構成を定義した E-BOM（Engineering BOM）と生産時に部品の手配に使用する M-BOM（Manufacturing BOM）があり、製品情報のデータベースとして重要な要素となっています。BOM の作成支援や PDM が実践しやすいような付加機能を備えた 3 次元 CAD ソフトも活用されています。

図 5-8-1　ものづくりプロセスにおける CAD 図面の活用

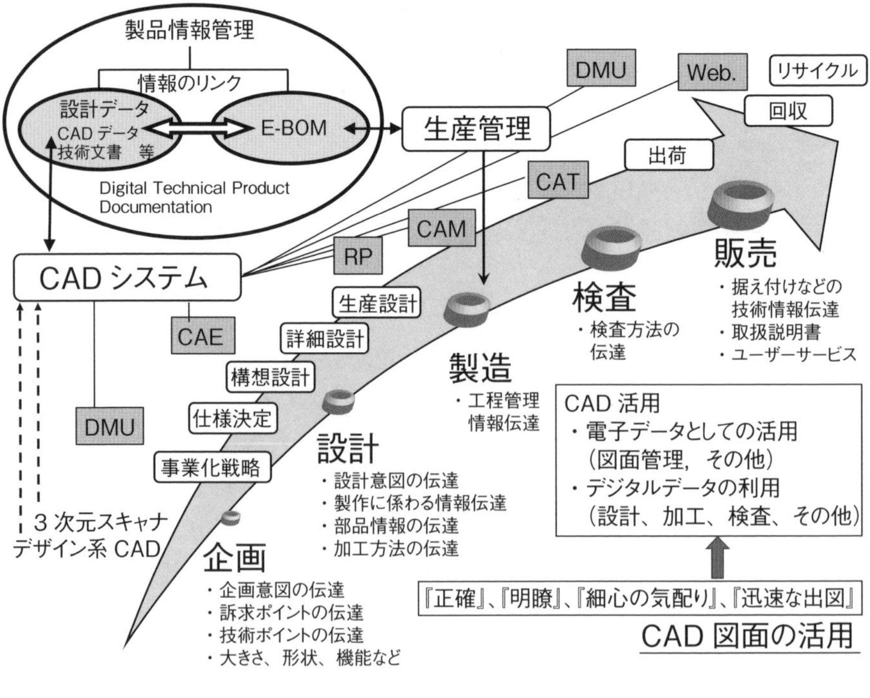

5 -9　CAD と作業環境

●システムの設置と作業環境の変化

　CAD 導入は、オフィスなどの職場における作業環境や作業方法を大きく変化させることもあります。この大きな変化が、働く人間にとって重大なストレスの原因となり、しばしば社会問題となっています。作業環境の変化は、例えば、それまでドラフタ、紙、ペンといった作業環境から、パソコンなどのコンピュータ、ディスプレイ、マウス（タブレット）、キーボード、周辺機器などを揃えた環境での作業に変化します。このとき、どのような問題があって、何を管理して、どう解決すればよいか知っておく必要があります。

● CAD システム導入による作業面積の確保

　今まで、ドラフタを用いていたとすると、これがコンピュータに変わるので、作業専有面積は減少すると思われがちですが、実はドラフタがコンピュータに置き換わるだけで、今まで通りの事務机などは必要です。また、新たに出力機器（プロッタやプリンタ、ネットワークサーバーなど）のスペースが必要となります。導入に際しては、必要となるスペースを十分考慮する必要があります。

● OA 機器の騒音、発熱対策

　プリンタなど出力機器から出る音は実はかなり耳障りです。最近の製品カタログには騒音の程度を表記したものも多くなってきているので、よく確認をしておくとよいでしょう。オフィスの騒音は、そこで働く人に不安感を与え、ストレスの原因となるので、十分な配慮が必要です。騒音対策としては次のようなものがあげられます。

・天井や床などの内装材を吸音性に優れたものにする。
・床にカーペットを敷く。

・騒音のもととなるものを作業場所から離れた場所に移動し、場合によっては間仕切りなどの遮音壁を用いる。

● OA 機器のための電源、配線設備の拡充

CAD を利用するうえで、電源の確保は重要な問題です。コンピュータは安定した電源の供給を継続的に必要とし、安定した電源が確保されないまま運用を続けていると、システムに障害が出たり、データの破損を引き起こしたりする可能性があります。可能であれば専用の電源を用意するべきですが、不可能な場合は、無停電電源供給装置や安定化電源供給装置を設置してこれを利用することが望ましいです。フロアで一斉に多くのコンピュータの電源投入を行うなどすると瞬間的に電圧が低下することがあります。また、何らかの原因で停電が発生し、電源が遮断されることもあるかもしれません。安定化電源装置などはこうしたアクシデントからコンピュータを守ってくれます。

また、配線にも十分注意する必要があります。通路や足元に電線があるのは安全性や美観から考えても好ましくないです。露出配線は埋め込み配線やフリーアクセス配線に変更するようにし、アースと一緒に設置します。

● 情報機器作業者の管理

情報機器作業とは、ディスプレイ、キーボード、タブレット、スマートフォンなどを使用して、データの入力・検索・照合、文章の作成・編集・修正、プログラミングなどを行うことをいいます。CAD を操作する技術者も含まれます。厚生労働省より、2019 年 7 月 12 日に「情報機器作業における労働衛生管理のためのガイドライン」がまとめられ、各都道府県土楼同局へ通達されました。これは、1995 年 12 月に「VDT 作業のための労働衛生上の指針」として当時の労働省（現：厚生労働省）より発表されたものが数回の改定を経てまとめられたものです。VDT とは、Visual Display Terminals の略で、VDT 作業は情報機器作業と同じ意味で用いられます。CAD の管理者は、この指針に沿った環境に職場や事務所を近づけるように配慮する必要があります。ガイドラインの中にある「作業環境管理」、「作業管理」、「健康管理」に関して以下に抜粋して要約を示します。

表 5-9-1　作業環境管理

◆照明および採光
室内は、できる限り明暗の対照が著しくなく、かつ、まぶしさを生じさせないようにすること。
ディスプレイを用いる場合のディスプレイ画面上における照度は 500 ルクス以下、書類上およびキーボード上における照度は 300 ルクス以上を目安とし、作業しやすい照度とすること。また、ディスプレイ画面の明るさ、書類およびキーボード面における明るさと周辺の明るさの差はなるべく小さくすること。
ディスプレイ画面に直接または間接的に太陽光等が入射する場合は、必要に応じて窓にブラインドまたはカーテン等を設け、適切な明るさとなるようにすること。
間接照明等のグレア防止用照明器具を用いること。
その他グレアを防止するための有効な措置を講じること。
◆その他
換気、温度および湿度の調整、空気調和、静電気除去、休憩等のための設備等について事務所衛生基準規則に定める措置等を講じること。

※グレアの防止
　グレアとは、高輝度のディスプレイ画面に比べて照明や窓からの採光の方が明るい場合に、画面に光が反射することを指す。グレアが生じると画面がまぶしい、あるいは見えにくくなるので、これを防止する必要がある。
　グレアが生じる場合は、ディスプレイの前後傾斜角を調整する、低輝度照明機器を利用する、ディスプレイフィルタやフードを取り付けるなどの対策をとる。最近は、グレア対策用の照明機器も市販されているので、このような機器を利用してもよい。

表 5-9-2　作業管理

◆作業時間等
情報機器作業が過度に長時間にわたり行われることのないように指導すること。
一連続作業時間が 1 時間を超えないようにし、次の連続作業までの間に 10 分～ 15 分の作業休止時間を設け、かつ、一連続作業時間内において 1 回～ 2 回程度の小休止を設けるよう指導すること。
作業者の疲労の蓄積を防止するため、個々の作業者の特性を十分に配慮した無理のない適度な業務量となるよう配慮すること。
◆調整
作業者に自然で無理のない姿勢で情報機器作業を行わせるため、次の事項を作業者に留意させ、椅子の座面の高さ、机または作業台の作業面の高さ、キーボード、マウス、ディスプレイの位置等を総合的に調整させること。
作業姿勢：座位のほか、時折立位を交えて作業することが望ましく、座位においては、次の状態によること。 （イ）椅子に深く腰をかけて背もたれに背を十分にあて、履き物の足裏全体が床に接した姿勢を基本とすること。また、十分な広さを有し、かつ、すべりにくい足台を必要に応じて備えること。 （ロ）椅子と大腿部膝側背面との間には手指が押し入る程度のゆとりがあり、大腿部に無理な圧力が加わらないようにすること。

5・CAD データの管理

179

表 5-9-2（つづき）

ディスプレイ：
（イ）おおむね 40 cm 以上の視距離が確保できるようにし、この距離で見やすいように必要に応じて適切な眼鏡による矯正を行うこと。 （ロ）ディスプレイは、その画面の上端が眼の高さとほぼ同じか、やや下になる高さにすることが望ましい。 （ハ）ディスプレイ画面とキーボードまたは書類との視距離の差が極端に大きくなく、かつ、適切な視野範囲になるようにすること。 （ニ）ディスプレイは、作業者にとって好ましい位置、角度、明るさ等に調整すること。 （ホ）ディスプレイに表示する文字の大きさは、小さすぎないように配慮し、文字高さがおおむね 3 mm 以上とするのが望ましい。

表 5-9-3　健康管理

◆健康診断
配置前健康診断：情報機器作業を行うこととなった作業者の配置前の健康状態を把握し、その後の健康管理を適正に進めるため、次の項目について必要な調査又は検査を実施すること。 （1）業務歴の調査 （2）既往歴の調査 （3）自覚症状の有無の調査（眼疲労を主とする視器に関する症状、上肢、頸肩腕部および腰背部を主とする筋骨格系の症状、ストレスに関する症状） （4）眼科学的検査（視力検査、屈折検査、眼位検査、調節機能検査） （5）筋骨格系に関する検査（上肢の運動機能、圧痛点等の検査、その他医師が必要と認める検査）
定期健康診断
健康診断結果に基づく事後措置
◆健康相談 メンタルヘルス、健康上の不安、慢性疲労、ストレス等による症状、自己管理の方法等についての健康相談の機会を設けるよう努めること。
◆職場体操等 就業の前後または就業中に、体操、ストレッチ、リラクゼーション、軽い運動等を行うことが望ましい。

出典：情報機器作業における労働衛生管理のためのガイドライン」
https://www.mhlw.go.jp/hourei/doc/tsuchi/T190718K0020.pdf

用語索引

用語索引

181

用語索引

■著者紹介

大髙　敏男（おおたか　としお）　国士舘大学　教授　理工学部理工学科機械工学系

執筆担当：第1章、第5章

平野　利幸（ひらの　としゆき）　法政大学　教授　理工学部機械工学科

執筆担当：第2章

渋田　雄一（しぶた　ゆういち）　日建設計コンストラクション・マネジメント株式会社

執筆担当：第3章

田島　葵（たじま　あおい）　日本工学院専門学校

作図担当：第3章

野口　卓朗（のぐち　たくろう）　有明工業高等専門学校　助教　創造工学科

執筆担当：第4章

●装丁　　　　中村友和（ROVARIS）
●編集＆DTP　株式会社エディトリアルハウス

しくみ図解シリーズ
CADが一番わかる

2021年6月10日　初版　第1刷発行

著　者　大髙敏男、平野利幸、
　　　　渋田雄一、野口卓朗
発行者　片岡　巌
発行所　株式会社技術評論社
　　　　東京都新宿区市谷左内町 21-13
　　　　電話　03-3513-6150　販売促進部
　　　　　　　03-3267-2270　書籍編集部
印刷／製本　株式会社加藤文明社

定価はカバーに表示してあります。

ISBN978-4-297-12154-9　C3052

Printed in Japan

本書の内容に関するご質問は、下記の宛先まで書面にてお送りください。お電話によるご質問および本書に記載されている内容以外のご質問には、一切お答えできません。あらかじめご了承ください。

〒162-0846
新宿区市谷左内町 21-13
株式会社技術評論社 書籍編集部
「しくみ図解」係
FAX：03-3267-2271